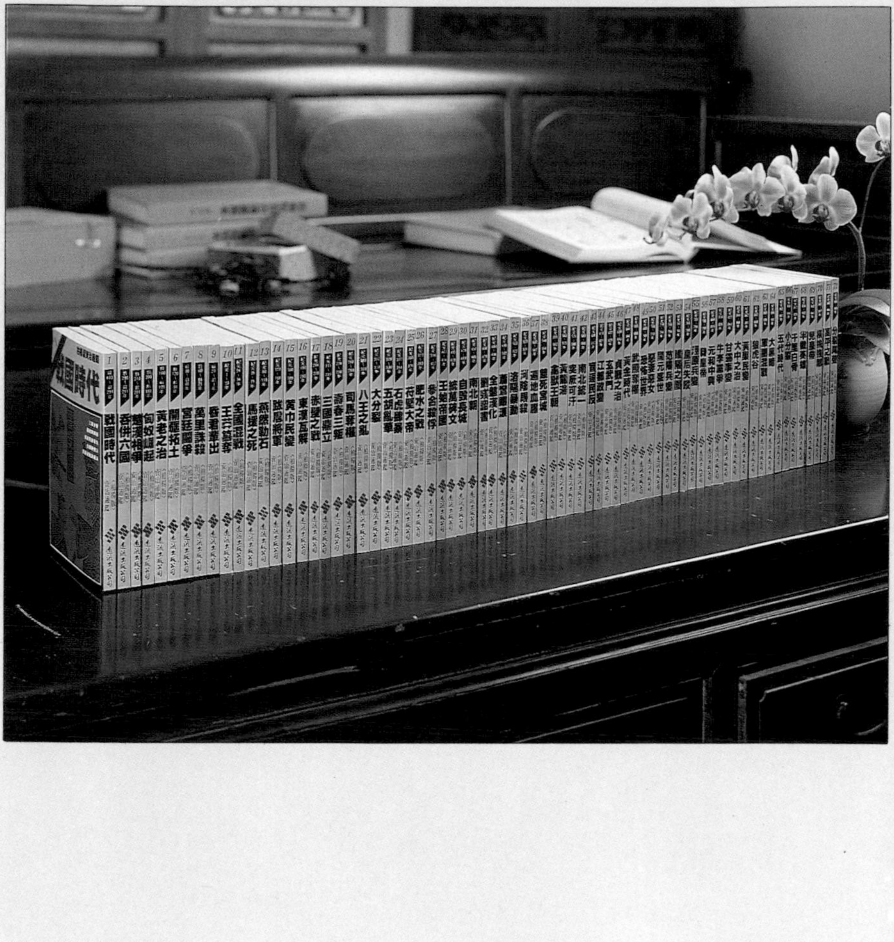

72冊柏楊版資治通鑑平裝本

CRITICAL APPROVAL: A PRISONER NO LONGER, THE WRITER BO YANG RELISHES A "GOLDEN AGE."

攝影 Barbara Mancuso

台北・新書月刊封面　　1985・7

(上)香港・亞洲週刊封面　1988・1・10　(下)台北・中國時報週刊封面　1992・4・19

(上)台北・中國男人封面　1992・9　(下)台北・書店導遊封面　1992・5

異域 特輯

他們戰死，便與草木同朽；
他們戰勝，仍是天地不容！

一段留白的歷史
一群被遺忘的人

暢銷百萬冊報導文學不朽名著‧耗資伍仟萬衝破禁忌偉大電影

柯俊雄　劉德華　庹宗華

鏡頭邊緣

〈「異域」原著作者柏楊夫人張香華客串演出小記〉

柏楊的話

——「異域」從書看電影

異域考驗朱延平

少年愛國懷 含淚看異域

悲情戰場 悲劇英雄

啊！原來他是鄧克保

《異域》初旅

一個好消息

李行的公道話

（八月二十一日民生報報導）

異域風雲榜

李彌（谷峰飾）

李國輝（柯俊雄飾）

華中興（劉德華飾）

鄧克保（庹宗華飾）

李夫人（斯琴高娃飾）

老鄭（郎雄飾）

伙伕頭（顧寶明飾）

政芬（顏鳳嬌飾）

小紅（王靜瑩飾）

台北‧中國時報‧1990‧8‧22　「異域」電影上映廣告

解放軍報批判柏楊 銅像拆了

「六四」後柏楊再三要求釋放民運人士，北京將他劃為自由派人物。

【本報香港八日電】香港明報報導，曾經在大陸名噪一時並頗獲厚待的台灣作家柏楊，最近在大陸遭到批判。軍方的解放軍報不久前曾刊文點名批判柏楊及其著作，而在柏楊家鄉豎立的銅像也突然消失。

解放軍報上月在該報的「一本令我失望的書」專欄，點名批判了柏楊的兩本書。轟動神州的「醜陋的中國人」被一名署名「齊學軍」的作者評為「中華民族的勤勞、善良、質樸和民族氣節全被淹沒在醜陋的主題中。把中國傳統文化比喻為『醬缸文化』，把中國人說成『集天下之大鮮』的『雜燴』——這是掃興之至的書」。

來自大連陸軍學院的郁某則認為，「柏楊妙語」一書「作者妙語連珠，細看悖論連篇。其談人生：拉屎、睡覺，惡臭難聞；談社會：故作姿態，擺出一臉忠貞；談女人：語多猥褻……」。

在開放改革時代，柏楊轟滿大陸文壇，他的家鄉河南省新鄉市輝縣為他立了一個銅像。在大陸為知識分子立銅像是極崇高的政治待遇，為活著的台灣文人立像更是異數。最近，這座有真人兩倍大的柏楊銅像已悄悄地失蹤，當地官方人士對此三緘其口。

曾到大陸作訪的柏楊，認為國民黨是醬缸文化，大陸的醬缸程度更深。在保釣問題上，柏楊盼大陸不要為眼前幾個貸款，放棄國土的爭取。「六四」後，柏楊再三致函北京，要求釋放王若望等民運人士。北京官方已視柏楊為自由化的典型人物。

《斯人斯獎》黃靖雅

柏楊

▼甫得「國際桂冠詩人獎」的歷史學家柏楊。

(圖／遠流出版社提供)

無心插柳柳成蔭 且拭詩塵迎桂冠

柏楊說：「這件事現在聽起來像個笑話，當年卻很要命！」

就像「大力水手」在被打得鼻青眼腫的落難時刻，總要掏出他最後的依靠——菠菜，來反敗為勝；生命歷程急轉直下的柏楊，為了寄托滿肚子的不平，也為了怕遺忘，在獄中開始寫詩。詩成了他精神上的菠菜，支撐他度過低迷的獄中歲月。

一開始，柏楊被留置某單位在台北三張犁的拘留所訊問。他想寫詩，卻連紙筆都沒有，他就用指甲劃在遇濕氣就會剝落的石灰壁上，寫到甲裂血出，留下一牆灰灰紅紅的「獄中詩」。

柏楊唯一的詩集《柏楊詩抄》中，〈冤氣歌〉、〈鄰室有女〉等詩，就是24年前那些留在石灰牆上的血詩。後來柏楊移監綠島，才有機會以紙筆記詩。這9年中斷續寫下的獄中詩，並非自由體的現代詩，而是押韻的五、七言古體律詩，及有詞牌的宋詞。

他在監獄斗室寫詩，有點像原始人的「結繩記事」，怕「獄中無日月，寒盡不知年」忘了不該忘的事；也想在現實的桎梏中，藉詩追求形而上的寬廣與自由——除了記錄與安慰自己，並未有什麼文學或永恆的企圖。

沒想到多年後，這些詩卻讓他得到「國際桂冠詩人獎」。

8月初，《柏楊詩抄》英譯本《POEMS OF A PERIOD》，獲得位於美國鳳凰城的「國際桂

▲柏楊以在獄中9年所寫的詩《柏楊詩抄》，得到這頂國際詩人桂冠。(圖／柏楊提供)

浩繁卷帙中抬起頭，回顧他生命中唯一的寫詩歲月——獄中9年。他在張香華代讀的得獎致詞《詩人的祈福》中，不無感慨地說：「我個人的悲劇發生在本（二十）世紀六〇、七〇年代，它是中國從傳統的醬缸文化中，轉化為世界性民主、人權、自由、平等的巨變中，一個不可避免發生的獻祭。」

這個獻祭，可能是時代大河轉折前滾起的幾個浪花泡沫，卻是他一生最灰慘的時候。柏楊在斷續的沈默中回憶，入獄一年多，前妻帶著他們唯一的女兒與他離異；到了第3、4年，由於長期資訊隔絕，「晚上入睡後，連夢都沒有了。」第5、6年，自認意志

(上)台北・聯合報　1991・6・9　　(下)台北・聯合晚報　1992・8・13

↓ 參觀三保井
柏楊在沈慕羽的陪同下，參觀寶山亭後的三保井。

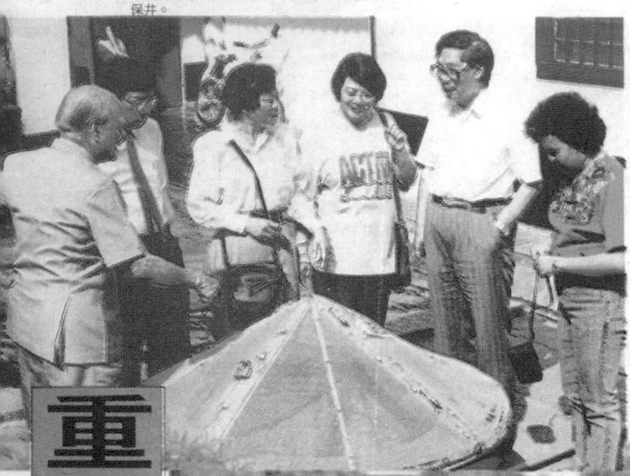

↓ 再次握手
柏楊終於握住牽掛了九年的一雙小手。

↓ 激情一刻
張四妹在九年後，高高興興地牽著柏楊的手，像接待久別重逢的兄長。

重逢喜悅暖人心

攝影：鄭燕如、林欽爲
說明：鄭燕如

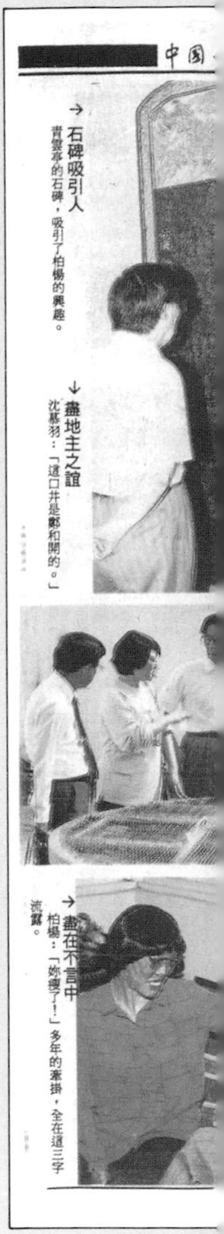

(上)台北・自由時報　1988・3・28　(中)台北・中國時報　1988・6・17
(下)香港・中報　1987・3・10

星洲日報 綜合要聞

柏楊 来了

十年，對柏楊來說，是不尋常的一回事，他生命中的另一個十年，昨晚開始誕生在我國，闊別我國十年後的柏老，獨自搭乘飛機抵達吉隆坡。

柏老將在本月二十四日晚上八時，在本報總社禮堂主講“華人與傳統文化”，講座會入場免費，歡迎各方朋友出席聽講。

本報專欄作者蕭依釗、助理採訪主任雷子健親自到梳邦國際機場迎接遠道而來的柏老，邀請他前來出席“鏡子說話”講座會的雪隆留台婦女組也在機場拉布條歡迎他的到來。

中華民國八十一年十二月十日 星期四

大明報

董事長／藍財旺 發行人兼社長／劉沛勳

行政院新聞局出版事業登記證局版台報字第0260號 今日三大張／每份訂價十元 第 01092 號

社址／台北市八德路四段七六八巷1弄18號5樓 總機／(02)7885570

訂報專線／7885570 廣告業務 7865278

真相探索 是非大明

柏楊 集詩成書憶前塵

有「台灣魯迅」之稱的柏楊，稍早經國際桂冠詩人聯合協會，將一座「桂冠詩人」榮銜頒給了他，這是海峽兩岸以及世界詩壇的最高榮耀。

名小說郭衣洞的柏楊，他說，回顧前塵，往事歷歷，感慨殊深！他的「詩」是在無紙無筆，用手指頭刻在一棟沒有門牌號碼，沒有門窗，已剝蝕了的鋼筋水泥建築物圍牆裡的石灰牆上，甲蓋血出，和灰成詩。

因此，他在好友大力協助之下出版了這冊精裝的「柏楊詩」

(上)吉隆坡・星洲日報　1991・6・21　(下)台北・大明報　1992・12・10

Frankfurter Allgemeine Zeitung

Die endlose Kindheit

China – ein Fall für den Psychoanalytiker?

„Schmutz, Unordnung und lautes Gebrüll gehören zu unseren deutlichsten Merkmalen", erzählte 1984 der chinesische Essayist Bo Yang (Kuo Yi-tung) verdutzten Landsleuten in Amerika. Hand in Hand mit diesen Fehlern geht für Bo Yang die gegenseitige Mißgunst, die häufig zu denunziatorischem Verhalten führt. Bo Yang, der 1949 vor den Kommunisten nach Taiwan floh, hat dort zehn Jahre im Gefängnis verbracht. Sein Buch „Der häßliche Chinese" wurde schließlich, nach einem fulminanten Anfangserfolg, auf dem chinesischen Festland verboten.

So rar die Exponenten chinesischer radikaler Selbstkritik auch sein mögen in einer Kultur, deren Träger in der Mehrzahl noch bis heute in einem verstaubten Nationalismus des neunzehnten Jahrhunderts erzogen werden: Als „Nestbeschmutzer" werden sie gnadenlos verfolgt, wie auch das unglückliche Schicksal des Filmes „Elegie vom Gelben Fluß" (Heshang) bewiesen hat. Ganz ähnlich wie Bo Yang, der China als einen „Morast" sieht, in dem der Lauf des frischen Wassers durch Unmengen „toter Fische, toter Katzen" zum Stillstand gebracht wurde, hatten die Regisseure der „Elegie" die Abwendung Chinas vom „Meer" und die daraus resultierende „Verstopfung" als den Kardinalfehler chinesischer Kulturentwicklung gegeißelt.

Während diese Art von Symbolik häufig nur in ein pathetisches Lamento mündet, ist die Suche nach Erklärungen für die offenkundige Modernisierungsunfähigkeit des chinesischen Festlandes, das seit weit mehr als hundert Jahren den Wunsch nach „Reichtum und Stärke" erfolglos auf sein Panier geschrieben hat, weitergegangen. Sun Longji, ein in den Vereinigten Staaten ausgebildeter Wissenschaftler aus Hongkong, der für Europa von der italienischen Journalistin Renata Pisu entdeckt wurde,

ben solange „Kinder" im wahrsten Sinn
des Wortes, bis der Platz frei wird.

Eine solche schier endlose Unmündig
keit kann nicht ohne psychische Folge
bleiben. Da alle Macht, alle Entschei
dungsbefugnis, letztlich sogar aller Le
bensgenuß im Grunde nur von der Posi
tion abhängt, die man in der Familie ein
nimmt, muß dies dazu führen, daß man
wie latent auch immer – den Tod der Alt
vorderen wünscht, um endlich in den Ge
nuß ihrer Privilegien zu gelangen. Dies
rächen sich für die verborgenen Wünsch
ihrer Nachkommen durch Erscheinen pos
mortem. Dadurch erklären sich auch di
zahlreichen Vorkehrungen, sie fernzuhal
ten, aber auch die unglaubliche Meng
entsprechender Gespenstergeschichten.

Asexuelles Eheleben

Die Gerontokratie Chinas, das von ei
nem Manne beherrscht wird, der im Grun
de offiziell als Rentner geführt wir
(Selbstbezeichnung: „Ich, der alte Orienta
le"), führt konsequent zum Kindermord
Die letzte, in der chinesischen Geschicht
nicht einzigartige Inszenierung des Kin
dermordes wäre demnach das Vorgehe
gegen die jugendlichen Demonstranten in
Juni 1989. Das „Buch der Kindespietät"
Teil des klassischen chinesischen Kanons
feiert als Musterbeispiel Lao Laizi, der in
Alter von siebzig Jahren seinen Eltern di
Freude machte, in Kinderkleidung un
mit Kinderspielzeug versehen, vor ihne
zu erscheinen und sie mit kindlichem Ge
habe zu ergötzen.

„In China haben wir keinen Ödipus ge
habt; niemals hat es einen symbolische
Vatermord gegeben", schreibt Sun folge
richtig. Die Regierenden – die „Älteren"
taten zur Aufrechterhaltung der Harmoni
alles, um die Jüngeren zu „desexualisie
ren", sie nicht zum Bewußtsein ihrer Selb

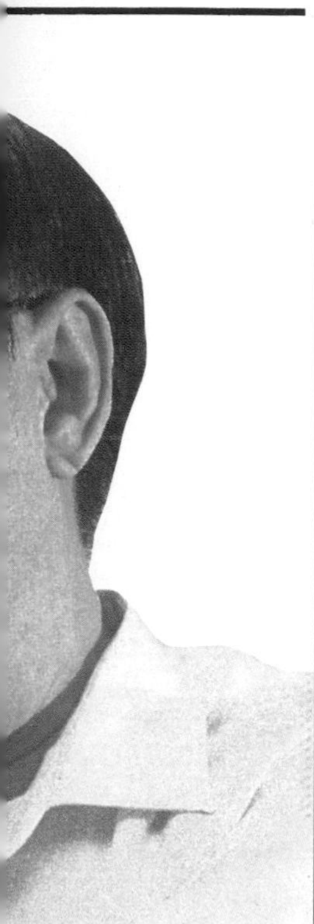

Monday, January 7, 199

〔1〕　12版　第16961号　（明治25年3月12日第3種郵便物認可）

私論　新中国40年　〔4〕

タンタロス

柏楊

世界を揺るがす号泣

ギリシャ神話のなかに、かわいそうにタンタロスが罪を犯し、最高神ゼウスに、のろいをかけられる話がある。のろいをかけられたタンタロスは空腹でたまらなくなって、食べ物を口に持ってゆくが、その度に食べ物はメラメラと燃え、灰になってしまう。神話では、タンタロスが無残にも餓死したのか、それとも、のろいを解かれたのか、結末の説明はない。しかし、私はこの話を紹介しながら、驚いたことに、私がタンタロスを目の前にしているのを発見したのである。

そのタンタロスは餓死していないし、のろいも解かれていない。相変わらず悲惨な生活をしている。食べ物を口に持ってゆく度に、それは灰になってしまう。彼のうめき声と号泣は世界を揺るがし、各国で、人々は彼の不運に涙を流している。

自由が人権が…

タンタロスとは、つまり中国の人民であり、〝食べ物〟は民主、法治、自由、人権なのである。なんと見るに忍びない情景だろう。しかし、全世界はどうすることもできないまま、このやせて骨と皮のアジアの巨人を見詰めているだけである。百年以上前から、中国ではいつも、〝食べ物〟を求めることに切実で、やっと見つけて、口に持ってゆくといつもそれは灰燼(かいじん)に帰してしまう。そればかりか、メラメラと燃える火は、食べ物だけではなく、その体まで焼き、満身創痍(そうい)にさせる。さんざん苦しんだ末に傷がなおり、もう一度食べ物を口にしようとするが、また前と同じ繰り返しで、ひどいやけどを負い、うめき声を上げ、号泣する。

こうしたことは、歴史にははっきり見ることができる。一八九〇年代、清朝の光緒帝の「百日維新」は成功するかにみえたが、西太后の戊戌の政変で灰になってしまった。一九一〇年代に清朝が打倒され、民主制度が打ち建てられようとしたが、袁世凱をはじめとする軍閥によって、民主化は灰燼に帰した。一九二〇年代、国民党はいったん法治社会を目指したが、蒋中正（介石）の能力にも限界があり、腐敗によって、法治は灰になってしまう。

一九四〇年代に共産党は政権を手にした。中華人民共和国を打ち建てて丸四十年、この間に三反、五反運動、大躍進、文化大革命と、一連の自殺的な運動を続けてきた。そして最後は今年の天安門のあの猛烈な一撃である。現在も「ブルジョア自由化」に対抗するものとして、大いに「社会主義奴隷化」が進められている。こうしたことは、新中国の輝かしい前途を灰にしてしまった。

このかわいそうなタンタロスのこれからを思いやってみる。九〇年代、いや二十一世紀になるかもしれないが、やっと体力を回復し、もう一度、食べ物を手にすることになるだろう。しかし、そのときまたしても、食べ物が灰になる運命を避けられないのではと、私は恐れている。それを思うたびに、私の胸は痛み、はらわたを引き裂かれる思いにかられる。

幸運だった日本

私は外国の人たちが、中国の人民がのろいを受けている不幸な原因をどう解釈しているか知らない。しかし、改めて日本のみなさんに申し上げたい。あなたたちは歴史の節目節目で実に幸運に恵まれてきた。鎖国政策をやめると改革はたちまち成功した。以来、絶えず改革を繰り返し、それが成功してきた。ただ一度、食べ物が灰になった経験は、大東亜共栄圏の崩壊である。しかし、その崩壊の前でさえ、わが寿命で、衰弱した中国に壊滅的な一撃を加えた。が、にもかかわらず、神はあなたたちに好意的で、次なる食べ物——経済繁栄と民主政治——を与えられた。これによって、日本はさらに強くなった。ただ中国だけが二百余年来、食べ物どころか、水さえも十分に飲めないのだ。

とはいえ、いかにのろわれていても、いつかは終わりがあるはずだ。中国人が受けているのろいは、いつ終わるか。私は非常なあせりを感じながら、その答えを待っている。（柏楊＝はく・よう、四川省生まれで台湾在住の中国人作家、「醜い中国人」などの著作がある、外報部訳）

ことし5月、天安門広場で学生たちに支援のカンパをする市民ら。民主という〝食べ物〟が民衆の口に入りそうになったが……

The Straits Times

Life!

The ugly Chinaman

STEVEN LEE

Controversial Taiwanese author Bo Yang, who has been described as 'a blemish to the Chinese race', tells NORMAN YAM why he is still an unrepentant Ugly Chinaman.

SOME called him a Chinese Voltaire. Others slammed him for cultural blasphemy.

What is not disputed is that Bo Yang is a maverick who infuriated the Chinese-speaking world in 1985 with The Ugly Chinaman, a 354-page book which came down hard on the Chinese and their culture.

The book has been read and debated in Chinese communities across the world — in Hongkong, Singapore, Los Angeles, New York and other cities.

Five years after the controversy, Bo Yang is still feeling the ripple. The writer was here recently to speak at a forum organised by the Singapore Press Holdings, and the shadow of The Ugly Chinaman loomed over every talk he gave.

The feisty 71-year-old certainly did not give the impression that he has mellowed as far as his controversial views were concerned.

But far from spewing fire and brimstone, Bo Yang came across as surprisingly soft-spoken in an interview later. With his thick, black glasses and a heavy Northern-Chinese accent, he could even pass off as a Confucian scholar. Which is ironical, since he is known to be a severe critic of Confucianism.

He was candid, yes, but never belligerent. Even when I asked him if he considered himself an Ugly Chinaman, he laughed and replied unhesitatingly:

"Why, of course. I am what I described the Ugly Chinaman to be: loud, dirty and noisy. I'm so noisy that my wife has to remind me to keep my voice down in coffee-houses and restaurants. Yes, I'm dirty. I never consider myself hygienic anyway."

His hotel suite would seem to bear this out. It was an unsightly mess — blankets thrown all over the beds, a coffee-table crammed

Continued on Page Two

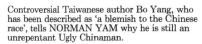

is our problem — we've almost forgot- our voice and that is tragic."

or Chang, who started writing poetry er twenties, every artist should have lute freedom to express himself. "[It's necessary] that it is his aim or his duty nprove society. You just express what really think, what you really feel."

ut it was this attitude which brought husband into conflict with authority. r known by his *nom de plume*, Bo , Kuo has been an unrelenting critic e political systems of both China and an as well as exposing the Chinese acter itself — a propensity rarely d among Chinese writers. His newspa- olumns, poems and books, most nota- *The Ugly Chinaman* written in 1984, won him both praise and condemna- from Chinese communities around vorld and even today, at the age of 72, like his wife, an exponent of free ex- ion and the development of human s in a society traditionally resistant to concepts.

earlier days, however, such critiques open opinions invoked more danger- eactions. Fleeing to Taiwan after the munist victory in 1949, Bo Yang at- d communism in numerous novels in ifties and then the island nation's Na- list government in the Sixties.

hang explained her husband's think- 'He asked of our community: 'Why, do Chinese people suffer so much?' rding to his point of view, it was not because of the government. He thinks ain reason is the people, because gov- ent is established by the people: if you this kind of thinking, you establish kind of government.

lis main theme is that we don't have emocratic idea because we don't re- each other. Our system casts people at ent levels so we always obey author- Confucianism influenced our people ve lack equality."

1968, following sustained criticism of overnment in Taipei's *Independent ing News*, Bo Yang was accused of a Communist spy and, as Chang re- l, "advocating emotion between the le and the government".

At that time our government was more strict and narrow compared to ' she said. "He criticised the policy of fficials, the corruption, the police as nan. He offended the government of ng Kai-shek.

Ay husband was a member of the [Kuomintang] so they never formal- ormed him. A friend just advised him his kind of thing was very dangerous obody asked him to stop officially . . .

Chang Shiang-hua: ". . . we've almost forgotten our voice and that is tragic."

The final straw for the KMT government of the day turned out to be a comic strip, which was said to have angered the president Chiang Kai-shek. "At that time he was in charge of the translation of the *Popeye* cartoon. (In the last edition) it was Popeye and his father on a small island and the father says 'Let's organise an election. Who's going to be President?'," said Chang.

Bo Yang was never publically tried. He was tortured for several months to extract an admission of 'guilt'. After being forced to sit on ice and being beaten hard enough to break his legs (the scars still remain), Bo Yang condemned himself as a spy. Although a death sentence was called for, he was sentenced to 12 years in prison, nine of which he served.

to give lectures and readings. However, gaining an entry visa to Hongkong has been difficult since a trip in 1987, when he came over at the invitation of Radio Television Hongkong to present book prizes — and also spoke openly to journalists.

"They [reporters] asked him to give his comment on mainland China," said Chang. "And one thing he said was 'I don't think the Communist government has the ability to control or manage Hongkong'. At that time one of our friends who was there said after the interview, 'Oh you will cause a problem: Mainland China won't like your opinion.' And after that whenever he applied for the visa he had a problem.

"Sometimes they [the Hongkong Immigration authorities] don't give a reason. They just postpone, postpone, and post-

Forgotten voices

Chang Shiang-hua with Bo Yang.

Poet Chang Shiang-hua, whose author husban spent almost a decade in jail for criticising the Taiwanese Government, was in Hongkong recently to talk about the importance of freedo of expression. Joanne Gilhooly met her.

HOW would Chang Shiang-hua, one of Taiwan's few but acclaimed female poets, describe her poetry? "Life!" came the charged response.

The vitality for life comes as no surprise from a woman who champions the abolition of the death penalty in her country and is married to Kuo Yi-tung, a renowned author often called the Chinese Voltaire, for China and threatened with execution.

"The first time I met him, of course I knew who he was, but I didn't expect him to be so healthy metaphysically and mentally," recalled Chang.

"Later I met many prisoners, who served almost the same time in jail and then were released and I found them quite changed, very disturbed. So I think he has a very broad mind and a warm heart. So I was very impressed ... got confused and

Germany and Eastern Europe for readin of her poems, including *The One I Love on a Fire-burned Island*, about h husband's days in prison on a small isla off southern Taiwan, and *No Complain* her own assessment of the sufferings of t Chinese people.

"Once I had a conversation with American poet, Paul Engle," she said. asked him what he thought about Chin people. He said he liked Chinese peo

Etat : le projet de réunification avec le continent.

En 1949, tel un de Gaulle incarnant, depuis Londres, la continuité de la République française pendant l'occupation du territoire par les troupes allemandes, le généralissime Tchang Kaï-chek, avec son armée de 2 millions d'hommes, revendiquait la légitimité du pouvoir confisqué par les communistes du continent. Mais la comparaison s'arrête là. A Taipei, Tchang Kaï-chek imposa un régime autoritaire, fondé sur un parti, le Guomindang, de structure léniniste. Tchang lui-même avait étudié de près l'Union soviétique, au début des années 20. Avant d'envoyer son fils aîné, Tchang Ching-kuo, à l'université de Moscou. En 1975, ce dernier succède à son père, défunt, et ébauche quelques réformes, avant de mourir à son tour, en 1988. Depuis, la ligne officielle est restée inchangée : le seul vrai gouvernement de « toute » la Chine est à Taipei ; revendiquer l'indépendance de l'île est donc absurde. Ce point est l'un des rares sujets d'accord de part et d'autre du détroit. L'île appartient à la Chine. La question est de savoir lequel des deux régimes a le droit pour lui.

Depuis 1988, la démocratisation ne cesse de progresser. La pression de la rue y a contribué, mais aussi la banqueroute du communisme en Europe et la désintégration de l'Union soviétique : tandis que l'influence de Moscou se réduit, le contre-pouvoir

Taipei : le nord-est de la capitale prend des allures de Manhattan avec ses gratte-ciel étincelants, ses grosses automobiles allemandes et ses McDonald's pharaoniques. Ailleurs, pourtant, en cherchant bien du côté des vieux quartiers, la vie continue comme autrefois. Dans les temples, les dévots apportent fruits et légumes pour le bien-être des dieux et des ancêtres ; des combats de chiens sont toujours organisés, le plus souvent clandestinement ; enfin, dans les maisons closes, quelques vieux messieurs comptent encore sur les vertus des cornes de rhinocéros ou des pénis de serpent pour parvenir à leurs fins. La Chine, quoi...

Politiquement aussi, le changement est spectaculaire. Mais, là encore, il a ses limites : le Guomindang est toujours au pouvoir. Et pourquoi les sondages attribuent-ils déjà une large majorité à ce parti tentaculaire, corrompu et divisé qui imposa la loi martiale pendant près de quatre décennies ? Pourquoi la population, alors que 9 habitants sur 10 sont originaires de l'île, donc sans attaches sentimentales avec le continent, semble-t-elle encourager le projet de fusion avec celui-ci ?

Pour le comprendre, il faut rendre visite à Bo Yang, 72 ans, dans son appartement à l'écart du bruit et de la pollution de Taipei. Bo Yang, l'un des plus grands essayistes vivants de langue chinoise, a de bonnes raisons de détester le parti au pouvoir : coupable d'avoir

攝影 Murray White

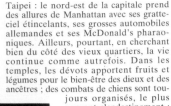

歷史走廊

十年柏楊（一九八三——一九九三）

緣起

〈柏楊版資治通鑑〉，從一九八三年開始翻譯，歷經十年，如今終於大功告成，回憶當初，這項出版計劃，不能不說是空前：全書從頭到尾由一人執筆翻譯，由一家雜誌社專司出版，不論是對作者、出版者，甚至讀者，都是一項極新的嘗試，也需要極大的胆識與魄力，才能完成。

今年（一九九三）三月七日，是柏楊先生七十四歲的壽誕，也正是〈柏楊版資治通鑑〉全書完成之日，一群柏楊先生的好朋友，特別定當天爲「柏楊日」，並組成編委會，編纂這部〈歷史走廊〉，作爲〈通鑑〉完成的最後句點。這本書是柏楊十年〈通鑑〉歷程中，大小脚印的記錄摘要。在〈通鑑〉沈重的壓力下，他在文壇上仍有不少件大事，放出異彩。例如：一、寫出〈醜陋的中國人〉，引起全世界華人或關心中國的外國人的關切，迄今震幅仍往深層發展，還沒有一部近代的華文著作，引起過這麼廣大深遠的回響。二、他的〔異域〕小說改編爲「異域」電影，在海內外上演，盛況空前，使低迷的國片，受到強大鼓舞。三、他獲得一九九一年國際詩人桂冠獎的殊榮，詩在他的創作中，不是主流，但十年牢獄，卻使他留下不朽的詩篇。這都是〔通鑑〕外的產品，對一個工作量驚人而又年逾七十歲的作家而言，可驗證他生命力的堅強和氣魄的雄偉。

有關柏楊先生的研究、評論，我們所知，有下列十一本專書：

一、柏楊和他的冤獄　一九七〇年　香港文藝書屋出版
二、柏楊和我　一九七九年　台北星光出版社出版
三、另一個角度看柏楊　一九八一年　台北廣城出版社出版
四、柏楊・美國・醬缸　一九八二年　台北四季出版社出版
五、七十年代論戰柏楊　一九八三年　台北四季出版社出版
六、柏楊六十五　一九八四年　台北遠流公司出版
七、夢回綠島　一九八六年　台北駿馬公司出版
八、One Author Is Rankling Two Chinas　一九八九年　台北星光出版社出版
九、醜陋的中國人風波　一九八九年　北京華僑公司出版

十、Kulturkritik in Taiwan: Bo Yang 一九八九年 德國Bochum, Brockmeyer出版

十一、評柏楊 一九八九年 香港明報出版社出版

本書〈歷史走廊〉，是資料性的專輯，也是了解柏楊先生不可少的第十二本專書，挑選的是一九八三年至一九九三年十年間（也就是譯作〈通鑑〉的十年間），報章雜誌上有關柏楊先生的報導和專訪，當然不能全部收入書中，只能在同一主題中挑選一二篇，作為代表，用以紀念十年中東一片、西一片的雪泥鴻爪，希望提供給讀者有關這位文壇巨人十年來具體的輪廓。

自問有很多不週之處，和遺漏、錯誤之處，還請柏楊先生及讀者先生，賜予包涵指教。

柏楊日編委會 謹識

一九九三年三月七日

歷史走廊　目錄

下輯：專訪

上輯

報導

〔資治通鑑〕柏楊版開始出版

——一九八四・一・台北〔新書月刊〕第四期

【本刊訊】今年（一九八三）九月，台北遠流出版公司推出〔柏楊版資治通鑑〕，它被選爲本年度（一九八三）出版界十二大新聞之一，不僅證明古籍今譯的工作已受普遍重視，同時也代表了三項意義：

一、突破傳統「白話語譯」的窠臼：古籍的「白話本」一向停留在短篇的字句翻譯的層次，無法滿足現代讀者的眞正需要，而〔柏楊版資治通鑑〕是一部巨著，運用有機的方式，幫助讀者毫不費力地讀通原著所表達的內容。譬如：古地名、古官名，必附今名對照、每十年均至少繪一歷史地圖、使用公元計年和數字計日、以歷史圖片印證史事、以〈柏楊曰〉發抒譯者史觀……等，這些革命性的特色不僅對原著注入新的意義，更爲古籍今譯的工作提供一個完備而生動的新典範。

二、開創一種有利的出版模式：「整體規劃、分期出版」，是〈柏楊版資治通鑑〉創新的經營方法，該書每月出版一冊，預定三年出齊，在出版過程中，具有「月刊」的特性，出齊之後，又是完整的套書，其優點在於作者、出版者、讀者，皆能按照適當的進度，將「寫作計劃」「出版計劃」「讀書計劃」，輕鬆地付諸實現。由於這種創新的出版模式，能夠結合三者共同的有利因素(經濟方面、時間方面)，因此得以突破出版大套書的困境，這對當前的出版業界，應有一番啓示。

三、重視讀者參與的出版觀念：讀者透過〈通鑑廣場〉可以自由發表自己的讀書心得，與作者直接交換意見。將這種雙向溝通的動態觀念，運用在一套名著的出版過程之中，積極鼓勵讀者參與，自有其深刻的意義。

〔新書月刊〕票選八三年出版大事

——一九八四・一・一〇・台北〔遠流雜誌〕

〔柏楊版資治通鑑〕上榜・衆望所歸

出版形式革新・內容富於深意・業界咸表欣佩

【本刊訊】以報導出版界動態著稱的〔新書月刊〕，在第四期（一九八四年元月號）的內容中，公布了票選的「一九八三年度出版界十二大新聞」及「一九八三年度最具影響力的書」。這兩項活動，分別由國內藝文作家，暨學術、文化、新聞、出版各界人士，參加票選；計票的結果，台北的遠流出版公司囊括了三大榮銜。

遠流出版公司與名作家柏楊合作出版的〈柏楊版資治通鑑〉因爲意義遠大，同時被選爲「最具影響力的書」和「出版界十二大新聞」之一。此外，遠流公司首創向台北市銀行取得融資的「購書貸款」，開闢了出版業者憑「書」取得融資機會的新徑，也被票選爲「出版界十二大新聞」之一。〈新書月刊〉在專文中指出，柏楊譯寫的〈資治通鑑〉，是「將本屬學院派，及士大夫階層閱讀的史學名著，譯成民衆欣賞、了解的鮮活語言文字，功不可沒」，堪稱該年度中：「最具影響力的書」；而〈柏楊版資治通鑑〉在語譯之外，尋求有機的輔讀方式（如地圖、古今官地名對照等），以及「整體規劃、分期出版」的革命性出版模式，使該書的出版，具備極特殊的意義，因而入選「出版界十二大新聞」。

據〈新書月刊〉表示，這兩項活動，曾廣泛發出調查問卷，請周棄子、汪公紀、王洪鈞、李瞻、李亦園、侯健、毛樹清……等一百五十餘位國內知名的專家、學者，參與票選。爲使票選活動順利舉行，該刊發行人劉紹唐並於去年（一九八三）十二月七日，邀請文化界人士參加座談，情況極爲熱烈。當天與會人士包括：唐啓明、歐陽醇、石永貴、蔡文甫、徐佳士、吳宏一、劉兆祐、張錦郎、陳恒嘉、夏祖麗、瘂弦、蔡源煌、金恒煒、東年、鐘麗慧、夏瑞娟、蔡淑玲、隱地、王榮文、柯元馨、林良、張連生、梁光明、蘇墱基、羅國瑛、周浩正等人。

在〈新書月刊〉票選活動中，其他入選爲「出版界十二大新聞」的事件分別是：「財政部決定稿費課稅」「著作權法修訂草案送立法院審議」「四庫全書正式印行」「黃春明電影旋風」「新聞局主辦首屆讀書週、郵局配合發行書香社會郵票」「忠佑、四季等公司宣布倒閉」「三〇年代文藝作品大量出現地下書攤」「專業雜誌紛紛出版」「成文狀告神通」「袖珍本套書開拓新市場」。

另一項票選活動中，入選為「最具影響力的書」的其他書刊包括：「我們只有一個地球」「中國米食」「意識型態的時代」「改變歷史的經濟學家」「不朽者」「追求卓越」「富裕之後」「趙翼傳」「近代藏書三十家」。

整體規劃・分期印行・創新觀念

〈柏楊版資治通鑑〉引起震撼

〈柏楊版資治通鑑〉的出版，日前被〈新書月刊〉選為「七十二年度十二大新聞」之一，票選的結果並發表在〈聯合報〉〈中央日報〉〈民生報〉等重要的大眾傳播媒體。〈柏楊版資治通鑑〉獲選為「年度十二大新聞」的理由，除了革新觀念的古籍今譯方法外，主要是因為該書的革命性出版方式。

遠流出版公司印行〈柏楊版資治通鑑〉的基本觀念，可稱之為「整體規劃，分期出版」；透過規劃內容的結構，讀者可以訂定「讀書計劃」，與出版者的「出版計劃」相互配合。卷帙浩繁、難以終卷的古文〈資治通鑑〉，在遠流公司的出版方式下，一般讀者可以每個月花很少的金錢、時間，不知不覺讀完卅六冊四百萬字的〈資治通鑑〉，從其中獲得益處。

據遠流出版公司發行人王榮文表示，這種出版方式的設計，靈感得自〈牛津字典〉的澳洲版；澳洲在取得〈牛津字典〉的版權之後，因為彩圖太多，成本過昂，乃採分期發行的方式，每月出版一冊（涵蓋一個字母所含的總字數），獲得很大的成功。〈柏楊版資治通鑑〉更進一步，在書後闢有〈通鑑廣場〉的篇幅，供讀者與柏楊切磋溝通，使全書的系列出版，充滿了動態感與參與感；「書籍的雜誌化」，這一個革命性的觀念，不但使〈柏楊版資治通鑑〉深受讀者的歡迎，更在出版界引起很大的震撼，許多業者預料，一九八四年將會有更多的出版社跟進，採取這種出版與讀書計劃相結合的發行方法。

每月暢銷書排行

〈通鑑〉四月居榜首

開設在台北市台灣大學附近汀州路上的「金石堂書店」，目前是國內最大的書店。金石堂自今年（一九八三）五月起，每月將該店所售書刊的數量，以電腦統計出來，公布成為「當月暢銷書排行」。這個統計排行雖然樣本僅限於金石堂書店一家，但因為方法科學、態度公正，逐漸成為國內現有最具參考價值的市場資料，頗受出版業與新聞業的重視。

遠流出版公司印行的〈柏楊版資治通鑑〉，自第一册發行月份（九月）起，連續四個月蟬聯金石堂書店「暢銷書排行」小說類的第一名，成為該榜建立以來最特殊、也最突出的一例。〈柏楊版資治通鑑〉因此成為今年（一九八三）出版業最受矚目的出版計劃，柏楊作品的號召力也再度獲得業界的肯定。

〈柏楊版資治通鑑〉北京將陸續出版

——一九八五・一〇・一一・香港〈大公報〉

首冊第一版印十六萬本售罄
第二冊將根據譯者意見改名

【本報北京十日專電】台灣作家柏楊用現代語文譯成〈柏楊版資治通鑑〉，去年（一九八四）已由北京中國友誼出版公司出版第一冊，爲尊重作者意願，現決定從第二冊起，將書名改爲〈現代語文版資治通鑑〉，陸續出版。

〈資治通鑑〉是中國古代一部著名的編年體歷史巨著，成書於宋。柏楊用現代語文譯成〈柏楊版資治通鑑〉，於一九八三年開始由台灣遠流出版公司出版。據稱，全書有三十六册，目前已出版了二十二册。

〈柏楊版資治通鑑〉在大陸出版後，頗受讀者歡迎，第一次印刷十六萬九千册，很快即售完。

醜陋的中國人．始料未及

翁玲瑟

——一九八五．一二．四．台北〈時報雜誌〉

按月出版一册的〈柏楊版資治通鑑〉，以每月平均售出一萬餘本，橫掃國內書籍市場。當時〈資治通鑑〉行銷企劃將它定爲「中國權力遊戲的教科書」，書中有關謀略、決斷、談判等部分，經出版商強調後，吸引了原不肯讀史的一批爲數甚多的工商企業界人士。

讀者捧讀〈資治通鑑〉之餘，自然不忘柏楊原是專寫痛砭時弊的雜文，而卓然成一家言的。〈醜陋的中國人〉就是寫他對中國民族集體性格上的缺點的一種觀察、感觸與檢討。書甫上市，一個月內即售出一萬五千餘本，此一驚人的數字，連柏楊都感到始料未及。

對於自己作品暢銷的原因，柏楊從未深入研究。不過，他指出〈醜陋的中國人〉從書名到內容一概被接納，就是肯定這一代的中國人願意面對自己種族劣根性的事實，知恥近乎勇，能逼視無情的現實，就有能力謀求改進之道。

儘管柏楊的書一出版，不論是否跑在排行榜內，誰都不會質疑柏楊是暢銷作家的說法。七〇年代影響當時大學生最深刻的書〔異域〕，就是他以「鄧克保」爲筆名發表的報導文學。那部作品總銷行量是百餘萬册，震撼當時的出版界。所以柏楊的暢銷早過於排行榜出現之前。而關於新興的排行榜，柏楊對它有一種期待，「希望有人能儘早提出防弊的方法，使一項實際有意義的活動，不摻雜一點點雜質」。

愛讀〔柏楊版通鑑〕的新加坡副總理王鼎昌

——一九八五・一二・三・台北〔民生報〕

【本報訊】研讀中國古書，已漸成爲新加坡共和國新一代領導人的嗜好。新加坡第二副總理王鼎昌最近接受〔天下雜誌〕專訪時表示，他常利用公餘之暇，閱讀〔柏楊版資治通鑑〕，因爲他認爲歷史是最好的借鏡，從古人的經驗中，可以避免重蹈錯誤。

王鼎昌身兼新加坡全國職工總會祕書長，是李光耀悉心培植的第二代政治領袖之一。他表示，從小就背中國古書，認爲中國古書帶給他許多深刻的啓示與影響。他舉例說，〔大學〕裡講到：「物有本末，事有終始，知所先後……」，其實就是現代人常說的優先順序，做事情要有先後。

王副總理認爲，最近台灣出版，以白話文寫出的〔柏楊版資治通鑑〕對他很有幫助，因爲比較容易看。他還計畫從中選一些比較精采的，比較有教育性的摘要，編成一、兩本給新加坡的年輕人參考。

他向〔天下雜誌〕資深編輯孫曼蘋坦承，新加坡直到一九七三年經濟發展趨向穩定後，才開始有時間注意精神、文化的發展，爲加強人民對歷史的認識，新加坡電視台最近製作了一系列新加坡建國的紀錄片，也設計許多出版品來提昇人民的文化素養。

〈柏楊版資治通鑑〉延長出版加價發售

——一九八六・三・一・台北〈民生報〉

【本報訊】〈柏楊版資治通鑑〉無法按原定計畫卅六册出齊，付了卅六册書款的讀者只能看到半套，如要看全套，還得付款。遠流出版公司發行人王榮文和作家柏楊昨日表示，絕對沒有灌水以增加册數的情形，延長出版册數，實非得已，希望讀者諒解。

王榮文說，當初與作者簽定出版合約時，雖載明卅六册可以出齊，但那只是預估的數字，〈柏楊版資治通鑑〉是由原來的文言文譯成白話文，眞正需要多少册才能容納，是很難預料的，到目前爲止，也只能說希望在七十二册內完成。

他表示譯寫者並未加油添醋，出版社也非蓄意增加讀者的負擔，何況〈資治通鑑〉屬編年體，如果讀者不再續訂，看到前卅六册，也是一個段落。

最初預約時，遠流公司曾在報上刊登廣告說明全套卅六册，預約價是二千一百六十元，分三年完成。王榮文說，開始時訂戶很少，如果讀者認爲這是一種欺騙行爲，該公司可以賠償，但究竟該如何處理這些未來可能面臨的問題，目前尚未決定。

王榮文說，從第十三册開始，以「柏楊版資治通鑑雜誌社」名義出書，主要是因爲已知卅六册出不完，改爲雜誌出版品，可不受册數限制，繼續出版下去。

後卅六册在價格上每册將調高廿元，王榮文解釋說，目前一册一百廿元，卅六册優待讀者爲三千二百四十元，雖然自第卅七册至七十二册，單價調整爲一百四十元，原讀者仍可以一百廿元再優惠的價格購得。對於新讀者，則以前卅六册每册一百廿元，後卅六册每册一百四十元的價格出售。

柏楊認爲，將原來預定出版卅六册的計畫，擴大到七十二册才能完成，不但不是欺騙讀者的做法，還是負責的態度，因爲需要圖解、文字說明的地方，他都注意到了。

柏楊說：「我不需要騙誰，我可以用偷工減料的方式，在十本書內出完剩下的四十二册，但那樣才是對不起自己和讀者。以過去廿幾册的製作情形，讀者應看出那不是欺騙的做法，如果讀者認爲自己受騙，可以要求遠流公司退錢。」

新聞局出版處幫辦陳華松說，在預約時若出版社只表示預定卅六册出齊，如今發生此事，不能算是欺騙的行爲；如果當初已肯定卅六冊出齊，現在的做法就是欺騙，因爲未按預定計畫完成是出版社的過失，其餘的卅六冊應免費送給讀者。

這種情況並未觸犯出版法，陳華松說，讀者若堅持這是一種欺騙行爲，可對出版公司提出告訴。

【本報訊】中華民國消費者文教基金會秘書長劉炳森昨天表示，預約圖書雖然沒有契約形式，但具有契約精神，交易雙方都要以誠信與互諒，來履行契約，不宜作片面毀約的處分。

劉炳森是對遠流出版公司準備將原預約出版卅六冊的（柏楊版資治通鑑），增加卅六冊以續完全冊的作法，提出以上的看法。

他指出，該會過去接獲消費者類似投訴的案例，都是因出版者「縮水」，像這種將出版品「灌水」的情形，倒是第一次聽到。由於遠流公司已有名聲，不致作沒有道理的事。

劉炳森說，這件事情，主要的爭論在契約精神，以及有無必要增加原訂冊數。新書預告的本身，即有契約的內涵，如需變更，需經雙方同意，不然即有一方的基本權益會受影響；至於有無必要增加冊數，則是見仁見智的事了。

他表示，遠流如此作，可能是經過考慮的，以該公司對消費者權益，及法律尊嚴的基本認知，應該會盡力維持原來約定的事項。如果消費者爲這件事提出申訴，該會願意協助解決。

〔柏楊版資治通鑑〕延期出齊

——一九八六・三・六・台北〔民生報〕

【本報訊】遠流出版公司爲對〔柏楊版資治通鑑〕無法依原定計畫在卅六册出齊一事負責，已擬妥一封信和一份問卷，將分別寄給六千餘位訂戶，以徵詢讀者對此事的意見，作爲將來處理這個問題的參考。

在這封信中提到，這套書原先估計約四百萬字就可譯完，但當作者柏楊開始譯著時，增加了地名、官名的語譯與對照，地圖及作者自己的意見等資料，使篇幅比原先預估的多，而整個出版計畫也隨着膨脹。

同時，信中指出，柏楊已經完成分段和字數重新估計工作，整個計畫必須擴充爲七十二册才能完成，該公司爲負起說明不全、服務不周的責任，而提出一些彌補的辦法，希望由問卷中瞭解讀者的意願。

遠流致力解決〔資治通鑑〕冊數問題

——一九八六・三・二三・台北〔時報周刊〕

【本刊訊】原訂三十六冊出齊的〔柏楊版資治通鑑〕，因原構想和實際執行上有出入，勢必增加到七十二冊，才能全部出齊。但出版社的這項決定，最近卻引起讀者的投書抗議。

在遷就原訂冊數，與要求內容的精確完備之間，到底該何所抉擇？又如何才是眞正對讀者負責，又能取信於讀者的作法？相信是出版社與作家，必須要審愼去面對的事情。

在過去的經驗裡，讀者和出版社因預約書籍而發生糾紛，多半起因於出版品實際「品質」與宣傳不符，出版商故意「縮水」，或惡性倒閉，攜款潛逃，使已經付了書款的讀者，蒙受損失。

這次遠流出版公司因爲〔柏楊版資治通鑑〕內容增加，致使原訂冊數膨脹一倍，而造成部份讀者對作家與出版社的誤解，倒是前所未有的情況。因此，遠流怎樣與讀者溝通，以謀求問題的合理解決，成爲大家相當關心的問題。

求出版品內容的精確完備原屬善意，讀者之所以投書抗議，原因在於「……出版社由於原文『體大』，三十六冊包容不下，將延長加價，以一倍的冊數繼續出書，讀者要看全套，還得付出代價。個人認爲這種不依計劃出書的行爲，有欺騙之嫌，並損及讀者權益及出版商令譽……。」

遠流負責人王榮文表示，〈柏楊版資治通鑑〉當初估計全部字數約爲四百萬字，因此預定全書三十六冊，每月出版一冊，三年出完。但四百萬字數的估計，在柏楊先生進行幾冊之後，就感覺到一定會有變化。

造成〈柏楊版資治通鑑〉字數增加的原因，據柏楊解釋主要有三個原因：

㈠官名、地名的語譯與對照。古代的官名、地名，如果不加說明，現代人是無法看得懂的，因此柏楊的作法是：「地名仍用古地名，另夾註今地名」；「官名則全用現代人所了解的稱謂，夾註原稱」，這樣一來，字數當然膨脹。

㈡十年至少一幅地圖的構想。柏楊一向認爲：「中國傳統史書，只有文，根本沒有圖。二十六史中，人物都在空中跳舞，卻沒有舞台。」他因此決定在翻譯〈資治通鑑〉同時，以十年爲一單元，至少繪製一幅地圖，使歷史人物，生活在實際舞台之上。

這十年至少一幅歷史地圖的構想，爲柏楊帶來工作上的艱難，與心力的加倍付出，自是無庸贅言，篇幅的增加，也是必然的了！

㊂〈柏楊曰〉的構想。原先不在計劃之中的〈柏楊曰〉，第一册試加之後，讀者的反應相當好。一般認爲，〈資治通鑑〉的現代語譯，不過是一項語言轉換工作，只有加入現代的批評觀點，才算有了新的生命。這樣一來，字數又超出原來的構想。

「柏楊先生在起步不久就知道，要想譯得盡善盡美，不能以三十六册爲限，可能會增加册數了。」王榮文表示，在〈通鑑廣場〉中，是否增加册數的問題，一直是柏楊與讀者溝通的一個重要話題，也始終在公開地討論着。

「我們應該堅持以最好、最完整的方式來語譯呢？」還是「我們應該減縮內容、放棄詳解，維持三十六册完成的計劃？」最後他們選擇了「詳盡、求全，但不得不膨脹計劃的痛苦」。

因此，後來柏楊在答覆一位讀者有關册數的建議時說：「如果三十六册完不了，就四十六册，甚至一百四十六册，也不會『省略』。還是一句話，我是『翻譯』，不會多，也不會少。」

〈柏楊版資治通鑑〉從預約三十六本，增加到目前的至少七十二本，中間過程，雖然在〈通鑑廣場〉一直持續在討論，但遠流出版公司一直沒有正式徵詢讀者意見，或向讀者作比較完整而詳盡的說明。王榮文承認這是遠流的疏失，而造成這種疏失的原因，是他們自始以爲讀者對這件事已經非常清楚，應該不至於形成誤解。

「如果因爲這些不斷加添、改善的做法，使原訂計劃有了改變，也使讀者有了誤解——我們要負說明不全、服務不周的責任。」王榮文表示，遠流願意提出一些彌補的辦法，向支持柏楊的讀者致最深的歉意。

爲了表示對讀者反應的重視，以及出版社本身的負責態度，遠流出版公司目前不僅發函給所有〔柏楊版資治通鑑〕的長期訂戶，將該公司增加冊數的詳細說明與刊登報章的「讀者投書」，一併讓讀者參考，還附加一份對讀者的意見調查，希望透過這份調查的統計結果，以瞭解〔柏楊版資治通鑑〕的讀者層面，他們閱讀此書的反應，以及所希望出版公司對增加冊數的處理態度。

在問卷調查的最後一項，是有關增加冊數如何補償的調查意見，茲引錄如下：

我們想對原來的訂户有一個補償，您覺得下列方案何者最爲理想：（可複選）

- 提供最優惠條件給原訂户讓他們續訂新書；您認爲合理的老訂户價格是每册（　）元。
- 所有訂户都贈送禮物，不管他續不續訂。
- 讓不滿意的讀者退書退錢。
- 不要再出卅六册以後的書，以免發生爭端。
- 再接再厲，求善求美，就是補償。

〈柏楊版資治通鑑〉最初預約時，遠流曾在報上刊登廣告，說明全套三十六册，預約價是二千一百六十元，分三年完成。以後即未刊登類似廣告。在那段期間，向遠流預約的讀者，共有兩千一百六十人。

「我們原擬對這兩千多位讀者給予彌補，但這樣一來，是否對另外的六千多位讀者造成不公平的待遇？」遠流這次發出問卷，就是希望了解讀者對此事的普遍態度，以謀求合理的解決。遠流一再強調的是：希望讀者明白，錯誤的來源，不是惡意的計謀，而是積極求全求完美的心情。

過去兩年多以來，夜以繼日，把全部心力都放在〈資治通鑑〉翻譯工作上的柏楊，因爲最近的這個新聞事件，心情上頗受打擊。雖然對册數增加有異議的只是少數幾位讀者，他仍有些激動地表示：「我不需要騙誰，我可以用偷工減料的方式在十本書內出完剩下的四十二册，但那樣才是對不起讀者。」

事實上，爲使〈資治通鑑〉的翻譯更加詳盡，他所承受的是更爲沉重的工作壓力。

出版公司在沒有對讀者作充份說明，並取得溝通的情況下，將原先預定册數加以擴充，讀者自然有權表示異議；但出版者爲求書籍內容的盡善盡美，不肯遷就册數，以示其對品質的看重，出發點也是善意。因此，這件事情的解決方式，就需要格外費心了。

到目前爲止，遠流出版公司並不規避問題，也願意廣徵讀者意見，以求妥善的解決辦法，如果處理得當，則「翁塞失馬，焉知非福」，出版社勇於負責的態度，或許今後將更贏得讀者的信任。

解決訂書糾紛·尊重顧客意願

——一九八六·六·三·台北〈民生報〉

【本報訊】遠流出版公司昨天對〈柏楊版資治通鑑〉無法如期出齊一事處理方式做成決定，將再增加卅六册出完全書，由作者柏楊先列出各册書名與內容大綱，舊訂戶維持每册九十元價格，並贈送新編〈歷史手册〉一書致意，如果對此處理方式不滿意，舊訂戶可要求退書退款。

數月前，本報接到讀者來函，對遠流〈柏楊版資治通鑑〉不能按原訂計畫在卅六册內出完全書表示不滿，並希望該公司能合理解決此事。遠流針對此事擬定一份問卷寄給訂戶，而今根據訂戶的意見做成以上決定。

遠流寄出的問卷共六千一百份，收回二千零四十七份，收回率達百分之卅三點五六。對內容很滿意或滿意的佔百分之八十三點三，不滿意的佔百分之零點六。認爲目前長期訂戶售價每册九十元便宜的有百分之十二點五，合理的百分之五十七，較貴的有百分之廿八點七。

根據調查，對這套書必須再增加卌六冊才能出齊，表示完全贊成的有百分之四十五點七，有條件支持的佔百分之三十五點六，不反對的有百分之七點五，反對和十分反對的佔百分之五。

對卌七冊以後漲價的看法，贊成漲價但必須對舊訂戶保持原價格的較多，佔百分之五十六；不贊成漲價的有百分之廿七點六。

另外，遠流在問卷中還擬定補償方案徵詢訂戶意見，其中認爲再接再厲就是補償的，佔百分之廿九點四；主張提供優惠條件給原訂戶的有百分之六十點七；希望贈送禮物的有百分之十二點七；要求讓不滿意讀者退錢者佔百分之十三點二；反對再出書，以免發生爭端的有百分之一點六。

調查發現，大多數訂戶認爲的合理訂價是九十元。

遠流發行人王榮文表示，雖然許多讀者對此事仍表支持，但今後對長期出版計畫將更加小心，爲避免出版過程中再發生類似情況，無法對讀者交代，已決定今後擬定長期出版計畫時，要全書出齊後再發行，不再採預約方式。

編寫出歷史的智慧

周浩正

——一九八六・九・二・台北〔中國時報〕

最近，有些人、有些書、有些事，深深感動了我。

第一位是柏楊。他以現代語文譯出的〔資治通鑑〕，到這個月已出版到第三十四册了。以柏楊的年紀和體力，每月書寫二十餘萬字，定時出版，三年來不輟不休，這份毅力實在令人感動，也許柏楊不知道，閱讀他譯寫的〔資治通鑑〕，已經是不少人的習慣和享受。柏楊的譯文生動活潑，又全以現代社會的現象和名詞詮釋歷史事蹟，讀來絲毫沒有「隔」的感覺。一路看下去，既像演義小說，但全屬正史記載；藉由柏楊充滿魅力的文字，那些歷史人物彷彿栩栩如生。

解除了文言的束縛，才能毫無困難領略歷史的含義，記錄歷史的目的是什麼？不是在讓我們從前人的經驗裏學習如何自處之道嗎？柏楊大膽地踢破文言迷障，還歷史本來面目，使得〔資治通鑑〕連國中學生都能閱讀，實在是很了不起的成就。

中國開始批判柏楊

——一九八七・三・二・香港〈信報〉

【本報訊】北京〈光明日報〉昨天就中國科學家取得超導研究重大突破，發表社論說，中國人有能力超越世界先進水平。

社論說，昨天，超導技術研究的突破再一次證明，中國人是有志氣、有能力自立於世界民族之林的。

文章批評說：「夜郎自大、閉關鎖國曾使我們自食苦果，固然不足取，但是，妄自菲薄、自慚形穢，津津樂道中國人的所謂劣根性，把自己說得一無是處，除了使人們悲觀失望、自暴自棄之外，又能夠給我們帶來甚麼呢？」

北京人士認為，社論中有一段話是針對台灣作家柏楊先生〈醜陋的中國人〉一書觀點而言的

——有人說，中國人在單獨一個位置上，比如在研究室裏，在考場上，他可以有了不起的發展。但是，三個中國人加在一起，三條龍就變成一條蟲，甚至連蟲都不如。還說，中國人的不能團結，中國人的「窩裏鬥」是中國人的劣根性。但是，這次超導研究突破性成果的取得，恰恰是中國科技人員團結協作的結果。正如物理所的研究人員所說，中國爭得的是集體冠軍。

昨天該報第三版用半版篇幅轉載香港〈明報月刊〉的一篇文章：「中國人醜陋嗎？——就教於柏楊先生」。文章認爲柏楊先生的觀點傷害了中國青年的自尊心與自信心，對其提出了激烈的批評。

〈醜陋的中國人〉在大陸禁止發行

——一九八七・三・八・香港〈東方日報〉

【本報訊】台灣著名作家柏楊昨午由台北抵港時表示：想不到他的著作〈醜陋的中國人〉會在中國大陸被禁止發行，他覺得是很有趣的一件事。

柏楊偕同夫人、女詩人張香華，搭乘國泰班機於昨(七)下午(二)時十五分抵達，當記者詢問他對〈醜陋的中國人〉在大陸被「禁」的看法時，他開始覺得有點愕然，還反問記者眞的被「禁」嗎？

柏楊表示：他以爲這本書會在台灣被「禁」，但結果沒有，而在東南亞其他國家也可以發行，卻在中國大陸被禁止發行。

一項報導說，〈醜陋的中國人〉一書去年(一九八六)在內地發行後，曾掀起一陣熱潮，知識界爭相傳閱，但受到近期大陸「反資產階級自由化」的影響，該書被指內容意識不良、惡意影響中國人形象，被不明文地禁止發行，出版該書的廣東花城出版社，更被廣東省委書記林若批評。〈醜陋的中國人〉主要是挖中國文化和民族性的根，以消極手法批判，在海外也曾引起爭論，但柏楊曾自辯說，他希望用此消極批判手法，使中國人自省反思，從而起積極的作用。

柏楊夫婦是應香港電台邀請，專程來港在今午舉行的第三屆青年閱讀獎勵計劃「開卷有益」頒獎典禮中，擔任特別嘉賓。

柏楊擅長寫雜文，一九六八年在台灣被指寫的文章內容違反法律，被判入獄，七七年出獄恢復專欄寫作生涯，第一篇文章是「牛仔褲和長頭髮」。

柏楊是於一九二零年三月七日，在河南省出生，昨天剛好是他的六十七歲生辰，他在機場對記者表示：三月七日對於他是一個難忘的日子，因爲他是在十九年前的三月七日被捕入獄。

柏楊談「醜陋的中國人」盼華夏再沒有政治犯繫獄

——一九八七·三·九·香港〔明報〕

【本報專訊】醜陋的中國人——怎樣打破沈積着中華民族劣根性的「醬缸」呢？柏楊認爲首先要承認和了解本身缺點，培養人權、平等與民主思想，才能與「醬缸」文化抗衡。「盼望從此再沒有中國人因政治而坐牢！」

曾在台繫獄九年的名作家柏楊，其〔醜陋的中國人〕一書在國內受到強烈批評，日前北京〔光明日報〕有文章指其醜化中華民族。柏楊昨日在港答記者問及此事時，頗爲激動地說，他只是敍述事實，所謂愛之深責之切，並無醜化之意。「我是出於愛心，全世界都攻擊我，我還是要講！」「正如弟妹成績有五科不及格，身爲兄長的當然要提醒，把事實說出來，並沒有醜化的意思，那是誤會和誤解，我感到很難過、很遺憾。假如我說錯，你可以指正，但如果反說我是醜化，而繼續躲避問題，那麼成績仍是五科不合格，不會有改變。」

柏楊指出，其實〔醜陋的中國人〕劣根性是數千年已存在的問題，中國人受了幾許苦難，有如在水泥攪拌器中，身不由主，表面上看是政治問題，實際上是文化問題。

「我們的文化缺少人權思想，我們的政治缺少民主思想。要救國家民族，須從文化上着手。」

柏楊說，過去孫中山先生提倡三民主義新文化，但沒想到「醬缸」那麼厲害，漂亮小姐丟進去變成了老太婆，而大陸上引進外來的馬克思主義，又只是橫的切入，壞影響反而更可怕。問題是必須承認自己的毛病，了解自己的缺點，才能有所改進。

「假如說自尊心受不了人家指責自己的錯誤，那是很可哀的，至於說我文筆煽情，煽情與否的界線難以劃定，問題是我寫得對不對，而不在於是否煽情。」

記者問他覺得中國是否有希望，柏楊爽朗地答道：「中國人當然有希望，否則我何必用那麼多唇舌去講呢！」不過，他有一個深切願望，是希望從今以後，再沒有一個中國人因政治坐牢。

現年六十八歲的柏楊，在一九六八年至七七年，在台坐過九年零廿六天的牢，尙幸出獄後有現在的妻子不嫌棄穿過囚衣的他而下嫁，携手建立家庭。

柏楊昨日出席香港電台第三屆「開卷有益」青年閱讀獎勵計劃頒獎典禮，他致詞時說，人生在世會發現社會有許多道門，無法通過，有時呼天不應，喚地不靈，唯有讀書能開啓那些門。

柏楊挨批

——一九八七・五・一三・台北〈中央日報〉

繼瓊瑤小說在大陸被批判之後，柏楊的〈醜陋的中國人〉，前不久也遭到同樣的命運。率先批評〈醜陋的中國人〉的是〈天津日報〉發表的一篇題爲〈龍與蟲〉的文章，文章說，實際上，資本主義社會並沒有變得「完美無缺」「美不勝收」，相反的外國評論家都承認，中華民族是優秀民族，柏楊又何必光只盯住自己的醜陋？該文並比較魯迅的文章說，魯迅也曾無情的鞭撻中國人的醜陋，但他卻決不會指着阿Q說，這就是中國人！

接着北平出版的〈理論信息報〉，也以不算小的篇幅批鬥柏楊，綜其內容大致有三：一、抨擊柏楊誇大文革的「浩刼」歷史，是危言聳聽。二、例舉中華民族的醜陋不準確。三、對臺灣諱莫如深，文章內容似乎全是「醜陋的大陸人」。

再接着廣東省委書記林若，對廣州「花城出版社」出版柏楊的〈醜陋的中國人〉很不滿意，他表示：「中國人醜陋嗎？我林若就不醜陋！」

「花城出版社」自然不敢頂撞林若，但過不久，同是廣東出版的〈南風窗〉，卻針對林若發表一篇〈黑色的問號〉，該文說：「不知自身的醜陋才是最大的醜陋，而『知恥近乎勇』才是有救的。」文章並說：「如果我們今天沒有勇氣正視自己的醜陋，從而激發起鏟除劣根性的決心，那中國人可眞是『自作孽，不可活』了。」

這樣的爭論，使柏楊的書今年（一九八七）初大爲暢銷，中共地方宣傳機關雖下令當地書店不要賣〈醜陋的中國人〉，但不想地上不發行後，地下發行比地上發行的數量，更爲驚人。直到今年（一九八七）三月，中共中央頭號理論大報（光明日報）幾乎用了三個整版來批柏楊，又是社論、又是新聞、又是學術「就教」，才使這種局面改觀，地下發行也在一片風聲鶴唳中各自收斂，這些個有經驗的書商都知道，一旦被「中央級」點了名的書，最好還是收斂些，何況現在正處在反對資產階級自由化的風頭上。

想當初，柏楊是中共統戰的重點，也是在大陸最吃得開的台灣作家。由中共國家安全部屬下的「友誼出版公司」，前後翻印了他的三十六種著作，居於所有海外作家之冠。尤其是（柏楊版資治通鑑），一印就是幾十萬册，最近河北文藝出版社又盜了他的（西遊怪記）。

據傳，柏楊（醜陋的中國人）這次被批，主要是中共不能忍受他的「全盤西化」觀點，認爲大陸青年「祟洋」受他的影響（柏楊自認祟洋但不媚外），雖然這樣做會對海外知識界造成一些不良後果，但中共自詡是向來不怕「寄生階級」的知識分子的。

以熱血潤筆·憑良知力作

——一九八八·一·二〇·台北〔中國時報〕

蘇嫻雅

作家柏楊今年〔一九八八〕六月或九月，將有一趟大陸之行，目的之一是「索取稿費」。目前中共官方有關人士已透過中間人，對柏楊作了許多善意的承諾。

「他如果要我們接待，我們就接待，如果不要我們接待，我們絕不勉強他講演、上電視或發表談話，一切隨他的意。」這是中共官方人士要中間人傳達的話，完全低姿態。

曾被美國〔紐約時報〕形容爲「觸怒了兩個中國」的作家柏楊，在離家四十年後，此番決定返鄉，是受到「中國作家協會」的邀請，長達一個月的行程，將由該協會安排。

「中國作家協會」據稱是個民間組織，但柏楊不相信它是民間組織，不過他並不在乎與「官方」接觸。

「大陸上都是官方，哪有什麼民間？什麼人我都敢接觸。」柏楊說。

因《柏楊版資治通鑑》及《醜陋的中國人》二書在中國大陸名噪一時的柏楊，常常戲稱：「如果能夠選擇，我下輩子不做中國人。」但他又不時的強調：「我認同中國那塊土地。」

他解釋說：「那是一種超越政權的認同。」

柏楊有兩個女兒，一個嫁德國人，一個嫁澳洲人，只要他願意，柏楊也可以和其他的父母一樣，取得外國籍，變成「外國人」，但他不願意這麼做。「我還是要當中國人！」柏楊說。

這就是柏楊的矛盾，在恨鐵不成鋼的時候，他希望自己不是中國人，但骨子裡卻比誰更關心中國，也捨不得不當中國人。

不過，無論海外華人或外國人，從沒有人稱呼柏楊是「中國作家」，包括大陸人士在內，大家都認為他是「台灣作家」。

柏楊本人相當認同台灣這塊土地，他常常告訴晚輩們說：「你們應該感謝父母把你們生在台灣，而不是大陸。」也不時對同樣從大陸來台灣的朋友們說：「你們應該感謝台灣同胞歡迎你在此地生根！」

自稱「不管在大陸或台灣都一樣會坐牢」的柏楊，甚至表示，同樣是坐牢，他寧願在台灣坐，也不願在大陸坐。

由於柏楊精研中國歷史，對台灣地區也有相當程度的了解，常有人會拿「統一」或「獨立」的問題來詢問柏楊，這位作家對這個敏感問題，有自己一系列的見解：

「我是『台灣政治受害者及家屬聯誼會』的名譽會長，這個組織把主張統和主張獨的人，集中在一起，使大家先練習聽不同的聲音。無論主張統或主張獨的人，如果沒有接納不同意見的氣質，任何人都是法西斯暴徒，大家應該先學會在聽到相反主張時，能夠欣賞對方的誠實。」柏楊說。

對柏楊而言，統或獨都不重要，他欣賞「有自由的地方就是祖國」這句話，他認為，國家強大，受惠的只是外交官，與一般人民無關，因此，柏楊說：「不要國家強大，只要人民幸福」。

從這個標準來看，他覺得「現在台灣眞是黃金時代」。因為，過去在中國歷史上，只要「家家扶得醉人歸」，就已經很了不起了，而台灣現在什麼都有，物質之豐富為中國歷史上僅見；教育普及與政治自由，也是過去五千年中找不到的。

「要感謝這個時代，我們運氣好，想想看有多少人為了今天所流的眼淚，甚至所流的血！」雖曾遭逢無數的艱難與困頓，如今的柏楊，卻滿懷感激之心。

稿費雖然還沒到手，柏楊對未來的工作已經充滿計劃。

要不是大陸的「中國友誼出版公司」承諾要付給他一筆美金稿費，他的大陸之行恐怕還不會這麼快確定。

柏楊張香華文學世界樂陶陶

——一九八八・二・二六・台北〈自立早報〉

【記者朱淑芬專訪】時間對柏楊、張香華夫婦來說，似乎總嫌不夠，他們生活作息共同面對的，是不停的寫作、不停的蒐集資料、不停的思考、不停的討論問題及不停的處理不完的雜務。但是，卻也因爲鎮日忙碌，生活反倒充實。

目前柏楊最主要的工作，是繼續投入〈柏楊版資治通鑑〉的寫作。因爲每月要寫十多萬字，固定出一本書，因此，爲求專心，柏楊幾乎婉謝各種演講或出國訪問的邀請，大部分事務都由張香華代爲處理。

張香華自兩年前辭去教職後，目前的生活重心，除幫助柏楊專事寫作外，還在〈文星雜誌〉擔任新詩邀稿、審稿的工作。「有人認爲我辭了工作，應該輕鬆很多，」張香華說：「其實正好相反，因為文化圈相當活絡，以前教書日子反而規律、靜態得多。」

柏楊這三年的近作〔醜陋的中國人〕和〔柏楊版資治通鑑〕，在台灣、大陸都很暢銷，探其寫作這兩類書的動機，主要與其在獄中九年的省思有關。

「一個民族無法擺脫自己的歷史和文化，」柏楊表示：「研究〔資治通鑑〕無疑是探討文化病態的紮根工作。因此，出獄後，與遠流出版公司談妥出版事宜，便全力將〔資治通鑑〕譯成現代語文，讓一般讀者都能閱讀。」

這項計劃固然艱鉅，結褵十餘年的柏楊夫婦始終彼此提攜，不曾中輟。他們結婚之後，夫妻還能進昇為知心朋友，無所不談，心智共同成長，在現今社會中實屬難得。然而，他與張香華卻倒吃甘蔗，這無疑是他能平靜寫作的最大動力。

〈醜陋的中國人〉日文版三月底問世

——一九八八・三・五・台北〈自立早報〉

【台北訊】〈醜陋的中國人〉去年(一九八七)在大陸掀起「柏楊熱」，此書的日文版即將於本年(一九八八)三月底問世，日本各界會以什麼態度來面對這本曾經驚動北京的書，是值得觀察的事。

去年(一九八七)十二月，在日學者張良澤與柏楊聯絡，表示承株式會社光文社之邀，已完成〈醜陋的中國人〉日文初稿，將交由作家宗像容幸潤色，柏楊欣然同意這項出書計畫。事後，又有四、五人分別自東京或台灣與柏楊交涉日譯〈醜陋〉一事。這是繼外國記者不斷採訪後，外界對此書一項比較具體的行動，柏楊認爲，這股熱延燒到日本，泰半與北京的查禁有關。

光文社於日前寄出邀請函，邀請柏楊赴日參加出版活動，柏楊表示，此書帶動海峽兩岸的反省思潮，基本上是中國人檢討自身的事，他不願意到日本去當衆揭發自己的瘡疤。

柏楊爲父親立墓碑

——一九八八・三・一三・台北《時報周刊》

【本報記者張文輝報導】大年初三，作家柏楊了了一樁心願。那一天，一塊石碑在河南省輝縣柏楊父親的墓前，立了起來，碑文是柏楊用最白話文字親擬的，柏楊的女兒郭素萍在當地請了最好的書法家、石匠，用了最好的石材，立了那塊悼念先人，又心懷海峽兩岸的碑。

碑文是這樣寫的：

這裡安葬的是郭學忠先生及夫人，也是我的父母，我沒有見過母親，但父親於一九四〇年在這裡入土的時候，眼看靈柩冉冉下降深穴，我曾搶地痛哭。而今（一九八八），大姐育英、二弟德澤，均已病故，大妹育俊、三弟德洋、幼妹育傑，不知流落何方，音信全無。事實上我非長子，長子汴生，幼年早夭，可惜我記憶模糊。已逝之人，當在地下見父。未逝之人，憑墓哀悼。我於一九四九年遠移台灣，將來也葬台灣，子孫永難再歸故土。父死之年，五十有七，兒今已六十有九，爲我父立此一碑，如果倖得保存，作爲海峽兩岸郭門一線相牽，血濃於水，但願兩地後裔，相親相愛。

今年（一九八八）柏楊將有一趟大陸之行。柏楊說，屆時要在墓前、碑前，重重的磕頭。

柏楊名著暢銷日本

——一九八八・四・二一・台北〈自立晚報〉

柏楊因〈醜陋的中國人〉，從中國熱到日本。三月底，該書由張良澤譯成日文，由光文社出版，結果，上市才十天，即突破三版，賣了五萬五千本，該社編輯部主任特別致函向他恭賀。他表示，這本書暢銷，可以看出日本人對中國人的矛盾心結，他們對抽象的中國十分崇拜，對實際的中國人又極爲看不起，而藉着這本書，看到了他們心裡想說的話。柏楊的另一本書〈中國人，你受了什麼咀咒？〉即將於五月初由學生社出版。

〈醜陋的中國人〉日譯本躍入暢銷榜

——一九八八・四・二七・台北〈中國時報〉

【本報記者黃菊報導】柏楊作品〈醜陋的中國人〉自一九八五年八月首版上市迄今，在台灣據說已銷了將近二十萬本，這還不包括大陸的簡體字版，以及在大陸被查禁之後各省的地下盜版。此書的第一個外文譯本——日文版已在今年(一九八八)三月底，由日本「光文社」印行，譯者是旅日作者張良澤。

書才上市，根據「日販」四月二日至八日的統計數字，已經進入「日販」暢銷排行榜、非文學類全日本第八名，原作者也接到已銷五萬五千本的通知。到四月十二日，更很快地進入日本兩大發行網之一的「東販」排行榜前三名。這是有史以來，當代台灣作家的評論作品，進入讀書風氣興盛的日本圖書暢銷排行榜。

〔醜〕書主要部份，是柏楊前幾年在美國的幾場演講記錄稿，揭示中國人的「醬缸文化」，痛詆我們祖先所留下的虛僞、自私、不肯認錯、不能團結等傳統文化病徵。

有人問柏楊，這本書譯了給外國人閱讀，會不會使我們的「家醜外揚」？柏楊的回答是——健康的人不怕透露自己的短處；中國人若已提昇到敢正視自己醜陋面的境界，表示我們已具備反省的能力，外國人反而會對我們另眼相看。

張良澤分析這本書在日本暢銷的原因：其一，書名本身的吸引人。日本人心目中的中國人一向是驕傲自大的，十足的文化本位主義，現在居然肯揭示自己的醜陋面，使他們相當好奇。其二，正趕上了日本人近年的中國熱，特別是北京查禁了這本書。其三，日本「光文社」對於策劃暢銷書很有經驗。

東瀛燒起了「柏楊」熱

——一九八八・七・四・台北〈時報新聞雜誌〉

【本報記者劉黎兒東京報導】柏楊的〈醜陋的中國人〉經張良澤及宋重陽譯成日文，在日本連續幾個月均登上暢銷書排行榜，因此另一家書局又將柏楊的〈柏楊雜文選集〉及〈中國人你受了什麼詛咒？〉兩書選譯成一本，並擴大宣傳，邀請柏楊和柏楊夫人張香華一起來到日本出席新書發表會。

〈醜陋的中國人〉所以在日本會成爲暢銷書，除了書中眞實坦誠地對中國人作一番檢討的基本魅力之外，還有屬於日本的一些特殊因素：

其一，對日本人而言，這是柏楊的書在中國大陸流行後的迴響，日本人看柏楊書的一個獨特的態度是：「爲什麼大陸的年輕人喜歡看柏楊的書？」「爲什麼聽說連胡耀邦都稱讚〈醜陋的中國人〉，並且成爲他下台的原因之一？」日本人是爲了想了解大陸的中國人在想什麼，所以看柏楊的書。

其二，日本在這十幾年和中國大陸的中國人打交道，一窩蜂地掀起中國熱之後，才發現對於中國文化，或中國人有許多「聞名不如見面」的缺憾，但是又畏於中共的「強大」（其實是對於日本的批評會作強烈的反應）；在實際的商業來往中，又發現大陸上的中國人缺乏現代的企業或貿易觀念，違約背信、睜眼說瞎話等事層出不窮，日本企業覬覦大陸的市場，但是往往蝕了好幾把米，也不見成果或成果有限，因此這兩三年來一直視到大陸投資設廠爲畏途（最近因台、韓滙率上揚，才又重新恢復考慮）。對於中國大陸或中國人，大家都有一番苦水要吐，而且也自認缺乏了解，所以不管柏楊是否願意，柏楊的書成了日本人對中國大陸的洩憤代用品以及「中國人分析」的嚮導性工具書。

柏楊本人很想知道日本人對他這種對中國文化及中國人自我批判的反應，另一方面他顯然對日本的進步和安定十分震驚（連日式飯盒，均讓他稱讚不已），所以他一再表示日本是走平坦之路的兄弟，而中國則是歷經了坎坷的兄弟，他希望中國能和日本一樣地有幸福，有自由、有民主和安定，他認爲他坐過政治監牢的經驗，是戰後日本人所無法理解的，他並公然表示至今他仍十分感謝前美國總統卡特曾設法營救他，使他提早結束牢獄生活，否則今天無法看到日本人。

當日本記者問起他對兩岸關係的看法，柏楊表示台灣和大陸是被指腹爲婚的關係，現在兩人都還是小孩子，所以不要讓他們結婚，等他們都長大成人後再說，如果彼時兩人都相愛則結婚，如果不相愛，則可以離婚或不結婚。

由於柏楊對中國文化十分嚴厲的批判，使有的日本記者對於目前日本「台灣旋風」（呂明賜、二郭一莊等棒球選手所掀起的狂熱）、Taiwan Power（還包括涂阿玉、鄧麗君等在內所展示的力量），與柏楊描述的中國人大不相同，柏楊則回以：幾個人不一樣，並不表示中國人都不一樣。

此外，也有記者認爲柏楊是否和一些留美的文化人類學研究者，如許烺光等討論他對中國人的觀察，以取得更有深度的角度和更普遍的認同，柏楊表示他沒有作過這類的接觸。

當然，柏楊也對日本人表示了中國人的憤怒——南京大屠殺等侵略中國的行爲，不過他說：記憶不忘，只是爲了不要使同樣的事件再重演，而非爲了復仇。

日本人是喜歡味噌醬的民族，所以柏楊提倡他的「醬缸文化說」時，比較容易得到理解。

〔柏楊的冤獄〕再版

——一九八八・九・一七・台北〔自立晚報〕

作家柏楊素以犀利幽默的文筆針砭時政聞名。三十年前，他曾因翻譯父子兩人在孤島競選總統的漫畫，鋃鐺入獄達九年餘。當時，留美的原子科學家孫觀漢為營救柏楊，曾四處奔走，並編著〔柏楊的冤獄〕一書，在香港出版。目前，本書得已在台灣重新翻印，內容呈現柏楊被捕後，海外朋友極力營救的情況，充分表達出正義與友情，並附有十篇柏楊獄中答辯書，是頗具歷史意義的史料。

名作〔異域〕搬上銀幕

——一九八八・九・一五・台北〔聯合報〕

【台北訊】導演朱延平目前買下小說〔異域〕的電影版權，決定將這部描述滇緬孤軍奮鬥事蹟的作品，搬上銀幕。

朱延平昨天表示，他已經以高價向作家柏楊買下〔異域〕的版權，並開始物色編劇和演員。朱延平說，他將親自執導這部新片，全部起用台灣演員，並計畫前往菲律賓拍攝。

據了解，朱延平大都只拍攝喜劇片和動作片，這次拍攝〔異域〕，圈內人非常意外。不過朱延平表示，他過去在陸軍官校期間，曾讀過〔異域〕，深受感動，當了導演之後，一直有把〔異域〕拍成電影的心願。

他說，拍通俗喜劇片賺錢，就應該拍一部「好片」。

由於〈異域〉的故事涉及游擊戰鬥，並需要叢林場景，朱延平計畫前往菲律賓拍攝。菲律賓有幾家電影公司，專門提供戰爭片的拍攝器材，並支援攝製。

朱延平說，〈異域〉的籌拍工作已在進行，但何時開拍尚無法確定。

柏楊夫婦前往中國

——一九八八·一〇·二五·台北《自立晚報》

作家柏楊與其夫人張香華女士，將於十月十八日同赴中國，預定前往香港、上海、北京、西安、重慶、武漢等地，各停留一至六天，而於十一月二十一日飛返台北。柏楊此行有兩個重要目的，一是探視兩個女兒，一是前往北京的中國友誼出版公司領取版稅，版稅的用途目前尚未決定，可能在當地設立獎助金。

柏楊張香華聯袂飛上海

——一九八八・一〇・二二・北京〔人民日報〕

【新華社上海十月二十日電・記者王齊報導】台灣著名作家柏楊先生及夫人台灣著名詩人張香華女士，在濶別家鄉四十年後，今天(二十)下午從香港飛抵上海，開始了他們為期一個多月的探親訪友及與大陸文化界人士的交流活動。

抵滬稍事休息後，柏楊夫婦即與大陸的數十位正在上海開文學研討會的中青年作家見面，其間，柏楊先生格外激動，他說：「我是四十年前從上海離開祖國的，四十年後回來的第一站又是上海。祖國的土地那麼廣濶，來自全國各地的作家今天能聚在一起，非常出乎我的意料之外。」

柏楊先生還與來自北京、天津、遼寧、浙江等地的作家，以及上海的青年作家王安憶、陳村、巴金之子李曉等，進行了親切的交談。

柏楊夫婦是應中國作家協會上海協會常務副主席、著名女作家茹志鵑的邀請，自費來大陸作探親交流活動的。柏楊夫婦還將赴北京及各地訪問，並去河南及陝西與其女兒見面。

柏楊上海行・中共耍花槍

——一九八八・一〇・二六・台北〔聯合報〕

【台北訊】作家柏楊最近赴大陸探親訪問，前天他在上海接受日本〔讀賣新聞〕記者訪問時，把大陸與台灣的關係比喻爲「指腹爲婚」的男女，而目前尚非「適婚年齡」，還不能統一，他期望兩岸「長大後結婚」，但也希望這件「婚事」由雙方成人後自行決定。

柏楊是在月前以探親名義申請赴大陸，一個月來，他已訪問了大陸許多地方；他廿四日在上海接受〔讀賣新聞〕記者訪問，全文如下：

記者問：離開近四十年後再度踏上大陸土地，感覺如何？

柏楊答：我是本月㈩廿日抵達上海，第一個印象是街道髒亂、車輛少。而且，我一到上海就發生不愉快的事。我想見作家王若望，有關單位說他不在上海，結果我自己打聽到王若望的電話號碼，在廿三日晚上和他見了面。中共當局爲什麼要這樣限制人的言行？中共現在歡迎台胞返鄉，我卻碰到這種遭遇，眞令人遺憾。至於王若望，我認爲他是能堅持己見的傑出作家。

問：對中共現在採取的對外開放政策有何意見？

答：開放的步調不能太快，我不希望大陸迅速開放，我希望大陸緩慢而穩定開放。

問：大陸有那些問題？

答：我覺得大陸人放不開，好像被繩子綁住似的，這是浪費人才，人們的才能無法發揮，其原因在於政治制度落後。

問：對日趨活絡的海峽兩岸交流有何意見？

答：人力無法阻止交流，我的書在大陸有海盜版，但這是可喜之事。海峽兩岸同文同種，應該加強交流。我考慮在明年（一九八九）以版稅爲基金設立文學獎，每年甄選大陸小說家、詩人各一人，頒給獎金各五千美元。

問：你對海峽兩岸統一問題有什麼展望？

答：中國人有指腹爲婚的風俗，大陸和台灣的關係可以說就是這種先天就有婚約的男女，現在年紀還幼，未達結婚年齡（即統一時期），我希望他們長大後結婚，不過我也希望這件事由長大成人的他們（大陸和台灣）自己決定。他們如果兩情相悅，就會結婚，兩情相厭，就不結婚。

台灣著名作家柏楊攜夫人回大陸探親

——一九八八·一〇·二六·北京〔人民日報〕

【新華社上海十月二十三日電·記者王齊報導】應上海著名女作家茹志鵑的邀請，台灣著名作家柏楊先生携夫人、台灣著名詩人張香華女士，在濶別故鄉四十年後，二十日由香港飛抵上海，開始爲期一個月的自費探親和學術交流活動。

柏楊夫婦在上海饒有興致地遊覽了市容。柏楊對陪同人員說，他四十年前是從上海離開大陸的，這次回來，上海又是第一站。柏楊夫婦在上海還與一些作家、學者、評論家，進行了廣泛的接觸，並就海峽兩岸的文學發展現狀、各自的創作思想等問題，相互交流了看法。

柏楊先生是河南省輝縣人。據了解，柏楊夫婦還將回故鄉走親訪友，並赴河南及西安與久別的女兒見面。

中共禁止柏楊在大陸辦文學獎

——一九八八·一二·一·台北〔中央日報〕

【路透社北平三十一日電】曾因案被判刑的台灣作家柏楊夫婦今天說，北平已阻止了他在中國大陸舉辦一項文學獎的計畫，因爲他太反共。

本名爲郭衣洞的柏楊，目前正在中國大陸作大陸陷共後的首次探親訪問。他此行是爲了收取他已被中共出版的三十多本書的版稅。

他說，他已收到了三萬五千多美元的版稅，並且計畫籌到十萬元，用這筆錢來設立一項文學獎金，每年一萬美元，其中散文與詩的創作品佔一半。他告訴記者說：「我絕不干預誰可獲得獎金的決定，但中共方面卻告訴我說此事不能做。」

他接着說：「沒有人告訴我爲什麼，但他們(中共)認爲我太反共而不能在此地舉辦文學獎，實際上，我只是反對集權和獨裁而已。」

他又說，他原預定在上海復旦大學的演講已被取消，而且中共「官員」還試圖阻止他與大陸的不滿作家會晤。

柏楊西安之行讀者熱烈歡迎

——一九八八・一一・一四・台北〈聯合報〉

【本報東京十三日電】據中共「中新社」報導，台灣作家柏楊昨日抵達西安，受到讀者熱烈的歡迎，他並發表了對電視記錄片「河殤」的看法。

報導說，柏楊此次到西安，一方面看女兒崔渝生，一方面因西安的「華岳文藝出版社」印行了他〈談人生〉〈談社會〉〈談女人〉三本書，他來領取人民幣八千元的版稅。柏楊在西安古舊書店前，被三百多名讀者團團圍住，請求簽名，當讀者問他如何看待「河殤」的問題時，他表示不贊成其中的一項說法：「長城封閉了中國社會。」柏楊認爲，在古代，軍事上的進攻與防禦有時是不可分割的，如果天天進攻，國力將消耗殆盡。

對於海峽兩岸出版業的交流問題，柏楊認爲，應以大陸的大開放和台灣的小響應爲轉機，二者慢慢互相吸收，以至融合。

一個「醜陋的中國人」回來了

——一九八八・一一・二三・台北〔中國時報〕

【台北訊】作家柏楊昨日（二十二）下午六時，搭國泰班機回到台北。

談到這次整整一個月的大陸之行，以〔醜陋的中國人〕一書被大陸當局查禁的作家，不禁感慨萬千。

柏楊，十月二十日從香港到上海，五天之後，再飛北京、鄭州、西安。河南是他的家鄉。原先預定至武漢、重慶，過長江三峽，但行程的後半段實在太疲憊了，於是在西安一地一直留了十二天。

柏楊路經香港的時候，香港一家報紙標題刊着「醜陋的中國人返鄉」。問柏楊：海峽兩岸哪一邊比較「醜陋」些？柏楊答：大陸「醬缸」的程度，比台灣嚴重得多。我們究竟受到較多的西方影響，已開始漸漸蛻變，大陸落後、封閉，叫我感到焦急。

家鄉呢？「家鄉對我非常好」，柏楊的家鄉在河南輝縣。他在北京即聽說家鄉給他立了一個塑像。柏楊一聽，覺得這不像話，應該打碎。他說：「任何一個塑像最後都是被打碎的。」但他還是忍不住想去看看。就在河南省新鄉市到輝縣的公路上，柏楊看到之後，大吃一驚——塑像有他本人的兩倍大，十月十五日才揭幕的，所以來不及通知他。柏楊以爲一點點大，敲了就算了，但這樣一尊龐然大物，使他非常感動。「這時候若我堅持一定打碎，就太矯情了，當時心中十分感激。」

柏楊對整個的大陸觀感是：若從橫的看，例如比較美、日各國，大陸當然非常落後、非常封閉。但若從縱的看，大陸已經比從前進步多了。大陸前三十年不但沒有建設，甚至還在破壞，大陸的進步是從最近十年才開始的，所以一般顯得混亂，不能適應。柏楊最後感慨的說：「那是一個萬馬奔騰的社會。」

搞啥個醬缸

——一九八九・八・三〇・台北（中國時報）

【記者鄭瑜雯報導】這群年輕人在搞什麼?長劍、英雄、瘟疫、「發情男女」冶於一爐，他們只是想從各種不同的角度，指向中國的「醬缸傳統」，九月一日至三日，在皇冠藝文中心小劇場將連演四天「搞啥個醬缸」。

這是「自由者劇場」的創團首演，年僅廿一歲的編導萬世忠受柏楊「醬缸文化」觀念的啓發，以生活中的種種衝突，試圖從多種角度、觀點，對所謂的「醬缸」文化提出質疑。

全劇從說書人的「揭缸捉妖」開始，在「曝光瘟疫」「發情男女」「英雄不死」三個表面並不連貫的段落之後，末尾以「封缸吧!否則不臭也被嚇死!」在說書人哈哈大笑中結束。表達手法在激烈、吶喊中混合歇斯底里的情緒，這是萬世忠編導的醬缸系列之一，黑色、荒謬之餘，下回還要再搞個「伊甸瘋情」。

塔什干屠城・搬上舞台

——一九九〇・二・二七・香港〔經濟日報〕

八七年三月，柏楊到港訪問，在一次與李怡的談話中，談及中國人命運之坎坷，彷似受了詛咒，怎樣都跳不出苦難的深淵。之後，他寫了一篇歷史小說〈塔什干屠城〉，隱喻着中國的命運。〈塔什干屠城〉的故事發生於公元七五〇年，唐朝高仙芝將軍出使西域，當他率領大軍到達塔什干城，因迷戀瑪琳恒皇后的美色以及當地的財富，遂下令大軍屠滅此「石國」。然而瑪琳恒皇后具有亞洛依神賦予的詛咒力量，在唐軍屠城之際，她向中國人發出無窮的詛咒。其後高仙芝的大軍於恒羅斯城大敗。而他也被朝廷斬首，似乎眞是受了詛咒的影響。

這段故事，將會被佚名劇團搬上舞台。導演丁羽說，是次演出，除了依據〈塔什干屠城〉的故事之外，還會加上一些近代歷史事件。例如「五四」運動、「抗戰時代」，甚至是「六四事件」，一古一今，雙線平行發展。丁羽表示，這樣的改編，在藝術角度而言，可以多一點新意和創作力。在內容題旨方面，亦可以更淸晰，更廣層次地表達出來。他指出，「塔什干城」只是衆多歷史事件中的其中一件，不管它的眞實性如何，只是借此喻彼，反正無論在正史抑或野史的記載中，中華民族的災難都是多不勝數。

這次演出的古代和近代部分，將會是兩種表現形式。古代的唐兵和塔城人民，會以全面具劇場演出，每個面具都有不同的造型，配以形體動作；而近代部分則會是比較生活化的演出方法。丁羽說，由於故事本身古今交錯，用兩種不同的演出形式，舞台效果就可以更加明顯。同時，他認爲面具有本身的象徵性，對於一些比較抽離的時空事件，可以加強感染力。

丁羽說，今天能夠將此劇搬上舞台，一方面是由於劇團本身的條件改善了，而最主要的是，他們認爲此時此刻演出此劇，有另一重深層意義。他說，「塔什干城」只是一個有象徵性的故事，他總覺得中國人的苦難並非一刻間製造出來，也不是單單由一小撮人弄出來的。不管中國人是否眞的受了詛咒，當面對災難時，其實不一定只能怨天尤人。今天，每一個中國人都應該好好反省。想想自己在歷史的洪流中，究竟是只會自己幹活，抑或曾經自我反省，勇敢地面對「詛咒」。

拯救王若望・各國作家連署致函江澤民

——一九九〇・六・二五・台北（中國時報）

【記者林若雩台北——西雅圖電話採訪】由名作家柏楊在美國發起，獲七十餘名參加「國際文學大會」的世界知名作家，與五十餘名美國西北部華人聯署，呼籲中共釋放著名作家王若望的信函，今（廿五）日上午，將由美國直接寄到北京給中共總書記江澤民。

刻正在美國西雅圖參加「華美專業協會」的柏楊，今（廿五）日上午已獲得包括醫生、教授、工程師等五十餘位各行各業華人的聯合簽署，要求中共釋放作家王若望。

柏楊偕夫人張香華於本月（六）十一日至十五日參加在舊金山舉辦的「國際文學大會」，與會者爲來自七十四個國家的著名學者和作家，主辦者爲惠特蘭基金會。由柏楊親筆擬就，致江澤民的信函，獲得與會者的支持與簽名，呼籲中共善待已高齡七十三歲的王若望。

這封致江澤民的信中指出，王若望於十四歲時即加入共產黨，貢獻出他無比的忠誠。然而六四天安門事件之後，他被公安人員帶走，迄今毫無音訊，沒有人知道他被囚何處？好像突然間被地球吞沒。

信中又說，王若望在垂暮之年，受到家破人亡的痛苦，在共產黨的改革中，不但自己下獄受刑，他的前妻（也是一位忠誠的共產黨員）因而精神崩潰，瘋狂而死。希望江澤民先生愛惜黨國故舊，為中國文化界保留一位良知作家，請求查明王若望的下落，下令釋放。

柏楊接受訪問指出，由七十餘名作家聯合簽署的信函，已於本月十五日送給中共駐華府大使館，轉交中共總書記江澤民。他目前在西雅圖也將結合美國西北部各界華人聯名，等回到台北後，他更將結合台北、香港、吉隆坡、馬來西亞的華人作家，共同為要求中共釋放王若望而努力。

「一九八八年我在上海，曾經過很大的困難才會見到他！」柏楊指出，王若望是一個相當了不起的作家，他於一九四九年坐過一次國民黨的牢，一九四九年後坐過兩次共產黨的牢。去年（一九八九）「六四」後，王若望在上海被中共公安人員帶走後失蹤，迄今下落不明，沒有人知道他的行蹤。

附錄：

柏楊親筆擬就的致江澤民信

澤民先生：

請原諒我們冒昧的寫這封信，因爲沒有別的管道表達我們對一位優秀作家王若望先生的至深關懷。王若望的人道精神及文學造詣，受到世人的敬重，現年七十三歲的王若望，十四歲就加入中國共產黨，貢獻出他無比的忠誠。然而六四天安門事件之後，他被公安人員帶走，迄今毫無音信，沒有人知道他被囚何處？好像突然間被地球吞沒。

先生一定不贊成一個畢生爲自己祖國效力而竭盡忠言的黨員，在他的垂暮之年，受到家破人亡的痛苦，王若望在貴黨的一再改革途中，不但自己下獄受刑，他的前妻（也是一位忠誠的共產黨員），因而精神崩潰，瘋狂而死。如今，貴黨在另一次改革中，我們深信，先生會愛惜一位黨國故舊，爲中國文化界保留一位良知作家。所以請求查明王若望的下落，下令釋放，讓他回到他現在妻子——羊子，和驚恐的孩子們的身旁。

我們這一份請求，出於萬分的誠摯，先生，請你伸出援手，並渴望得到一個回音。

〔異域〕作者柏楊昨致邵玉銘公開信

——一九九〇・八・二三・台北〔中國時報〕

【台北訊】電影「異域」的原書作者柏楊，二十二日致行政院新聞局長邵玉銘公開信，爲「異域」於檢查過程中發生的意見，提出反方面的看法。

關於「異域」參加亞太影展影響泰國友誼之說，柏楊認爲這是三十年前「醜陋的美國人」在台上演兩天被禁事件的翻版，指陳類似官場揣摩心意做法，實可以成爲國際笑料。

關於該片檢查有所謂六段不妥問題，柏楊尤其難以接受，他認爲國軍打敗仗不可以拍電影，殘兵敗將不許出現的時代，不應再繼續存在，保守實足以製造民怨。

柏楊表示不能理解者，爲邵局長兩小時前才表明電影檢查不干涉主題意識，下午就出現「異域」刪剪問題。

他說明「異域」原著是他寫的，電影跟他無關，不參加亞太影展，甚至禁演，都與他無涉，寫信的目的只是提醒不要把今天錯當昨日。

【台北訊】片子沒演，就演出了檢查「是非」的電影「異域」，二十二日經正式裁定列為輔導級，不修剪准予演出。

新聞局表示：最後的結論，即是「異域」檢查的所有眞相，不應有所謂是非短長。

新聞局電影處仍然否認該片要修剪六段之說，並鄭重強調電檢的原則仍然不管主題意識。

「異域」賣座佳．國片如獲甘霖

——一九九〇．八．二九．台北（聯合報）

【台北訊】新片「異域」昨天上片，創出賣座佳績，片商吃下定心丸，同業士氣也受鼓舞，並使另一部一度被打入冷宮的大製作「五百支步槍」得以從敗部復活，恢復開拍。

台灣電影陷入谷底已有好一陣子，學者公司投資拍攝的「異域」在此時上片，很受影界矚目，各家公司都希望「異域」能夠賣座，爲台灣片打打氣。

「異域」因宣傳不及，改在星期二上片，因上檔日不是周末，學者公司相當擔心賣座的聲勢，不過，「異域」昨天仍創出賣座佳績，自中午起，幾家西門町的龍頭戲院已開始賣出滿座。

「異域」的賣座，使學者公司不再擔心成本回收問題，並準備把賺來的錢再投資拍攝大製作。

學者公司負責人蔡松林昨天表示，導演朱延平拍了「異域」，已不會再走過去拍喜鬧片的回頭路，目前學者公司已準備請朱延平接着開拍新片「五百支步槍」。

柏楊重訪獅城

——一九九〇・一二・二〇・新加坡〔聯合早報〕

闊別獅城九年，台灣著名作家柏楊昨晚從台北抵達新加坡樟宜機場第二搭客終站大廳時，顯得異常興奮，他說：「九年以來人事滄桑，發生很多很多變化，然而展現在眼前的東西卻是這麼美好，現在的美好的情形是我在九年前連想也不敢想的。」

身材健壯魁梧的柏楊一辦完了入境手續，在領行李處就隔着玻璃同前來接機的報館的老朋友招手，親切地打「無聲的招呼」，態度和動作，天眞爛漫如小孩。

柏楊在機場大廳接受簡短的訪問時，不斷地引來一些外國旅客的好奇眼光。但其實從衣著和打扮來看，更像明星的卻是高貴大方的柏楊夫人。

然而，電視攝影隊的注意力都投射在有「明星作家」之稱的柏楊身上。

柏楊這次到新加坡來，是應新加坡報業控股有限公司的邀請，出席一個主題爲「新加坡報章推廣亞洲文化與價值觀所扮演的角色」的雙語研討會。

七十一歲的柏楊一向給人反傳統、反封建、反權威的形象，出席一個提倡傳統文化的研討會，是否有矛盾呢？妙語如珠的柏楊說：「這實際上並不衝突，我反傳統，是反對它約制的一部分，我做的是催化的工作，關於『儒家需要馬丁路德』的題目，也是我自己選的、願意談的，我認爲儒家就像人的生命一樣，需要新陳代謝，不斷修正。」

柏楊這幾年已不寫小說，也不寫雜文了，他專注歷史研究，用能從書本上跳出來的現代語言，改寫已失去生命力的古文，做的是推廣中國歷史文化的工作。

他告訴在場的記者說：「柏楊的銳氣還是存在的，我是越老越反儒家，我強烈地認爲儒家需要改革。民主是非常非常美麗的制度，我們要用耐心和智慧去培養民主，不要讓這麼美好的制度喪失。」

他也帶點感慨的語氣說：「其實，華語世界中，最幸福的是新加坡人，半個世紀，中國的苦難，新加坡朋友沒有分擔，當然你們也有你們的難處，但你們要做比較，做了比較之後，就會發現你們是天之驕子。我們許多移民到海外的朋友都認爲你們是天之驕子。這個你們應該珍惜和高興，是不是？」

柏楊現在是個專業作家，每天二十四小時，除了睡覺、吃飯之外，就是寫作，他笑稱他的家像個「勞改營」。

喜歡柏楊「文筆潑辣、宅心仁厚、詞鋒銳利、胸懷磊落」的新加坡朋友，今天別忘了到報業中心禮堂，一睹這位以嬉笑怒罵姿態揮舞漫天鞭影的明星作家柏楊。可惜的是，香港中文大學教授兼台灣清華大學客座教授勞思光因故不能出席，這必讓部分參加者感到失望。不過，主辦當局已說服柏楊上下午兩場都得「亮相」，就看現場觀衆是否能提什麼題目難倒這位大文豪。

柏楊老當益壯，當問起他的養生之道，他幽默地說：「要保持青春，最好的辦法就是專心去坐一陣子牢。」

柏楊於一九七七年四月一日出獄，因文字獄共坐牢九年又二十六天。

馬丁路德可使儒家重生

——一九九〇・一二・二〇・新加坡〔聯合早報〕

台灣作家柏楊說：儒家確實在式微之中，但不會消失，甚至反而可能復興成爲一種新的重生力量，不過要在儒家的馬丁路德重整之後。

他今早參加了新加坡報業控股主辦的「新加坡報章推廣亞洲文化與價值觀所扮演的角色」的研討會，提出了他對儒家思想的看法。

他提出，在西方文化（或基督教文化）進入中國後，儒家暴露出來崇古尊君兩大情結，和退化傾向的思維方式，阻礙中國的解放與進步。

儒家的反知傾向——民可使由之，不可使知之，扼殺對知識的求眞欲望和樂趣，甚至認爲求眞是不道德的，因而不能產生「我愛我師，我更愛眞理」的更高層面的思想，「義」「利」的二分法，也使人們特別推崇顏回的安貧樂道，不敢公開表示對利的嚮往，權利義務的觀念也就根本無法確立。

因此，他認爲，正如馬丁路德對他的宗教提出了改革，而不是辯護，儒家也需要一個馬丁路德來重整儒家，使它成爲一種新的重生的力量。

他盼望新加坡的報刊可克服困難，充當馬丁路德的角色。

〔解放軍報〕批判柏楊——銅像拆了

——一九九一・六・九・台北〔聯合報〕

【本報香港八日電】香港〔明報〕報導，曾經在大陸名噪一時並頗獲得厚待的台灣作家柏楊，最近在大陸遭到批判。軍方的〔解放軍報〕不久前曾刊文點名批判柏楊及其著作，而在柏楊家鄉豎立的銅像，也突然消失。

〔解放軍報〕上月（五）在該報的〈一本令我失望的書〉專欄，點名批判了柏楊的兩本書。轟動神州的〔醜陋的中國人〕被一名署名「齊學軍」的作者攻擊爲「中華民族的勤勞、善良、質樸，和民族氣節，全被淹沒在醜陋的主題中。把中國傳統文化比喩爲『醬缸文化』，把中國人說成『集天下之大鮮』的『雜燴』——這是掃興之至的書。」

來自大連陸軍學院的郁某則認爲，〔柏楊妙語〕一書乍看妙語連珠，細看悖論連篇。其談人生：

拉屎、睡覺，惡臭難聞；談社會：故作姿態，擺出一臉忠貞；談女人：語多猥褻……

在開放改革時代，柏楊譽滿大陸文壇，他的家鄉河南省輝縣市，爲他立了一個銅像。在大陸爲知識分子立銅像是極崇高的政治待遇，爲活着的台灣文人立像更是異數。最近，這座有眞人兩倍大的柏楊銅像已悄悄地失踪，當地官方人士對此三緘其口。

曾到大陸作訪的柏楊，認爲中國是醬缸文化，大陸的醬缸程度更深。在保釣問題上，柏楊盼大陸不要爲眼前的幾個貸款，放棄國土的爭取。「六四」後，柏楊再三致函北京，要求釋放王若望等民運人士。北京官方已視柏楊爲自由化的典型人物。

「鏡子會說話」

——一九九一・六・四・吉隆坡〔南洋商報〕

【吉隆坡三日訊】由雪隆留台婦女組所主辦的「鏡子說話」講座會，榮譽邀得蜚聲國際的台灣著名作家柏楊先生前來演講的消息，一經公布之後，在我國知識文化界及社會大眾間，已經引起了熱烈的反應，許多外地社團紛紛邀請柏楊前往演講或者座談，以便與首都吉隆坡以外的讀者及公眾會面。唯因柏楊年事已高，不適奔波，以及時間有限，行程匆忙，雪隆留台婦女組只好代柏楊一一婉拒。

雪隆留台婦女組主席唐彭表示，這次雪隆留台婦女組能夠邀請到大作家柏楊來馬演講，實是無上的光榮。

她說：「我們遵照柏老本人的意思，以不過分奔波爲原則。柏老在馬的主要行程安排，都事先經過柏老的同意，我們實在不便代爲安排其他活動。在此，我要向許多有意邀請柏楊演講的各地團體致歉更致謝，謝謝大家對『鏡子說話』講座會以及對柏楊的熱烈支持。」

「鏡子說話」講座會同時也邀請到大學講師王靖端，和社會工作者張小蘭主講。他們都是學有專長、閱歷豐富、深入生活、別有見地的有心人，而且談吐幽默、風趣，有性格、有說服力的人士。

在三位主講人分別講演之後，更有加長的綜合討論時間，以便現場觀衆即席發問，向三位名家請教和交換心得。

華人與傳統文化

——一九九一・六・二五・吉隆坡〔星洲日報〕

【八打靈再也廿四日訊】柏楊魅力無法擋！超過一千名的男女老少，昨晚（二十四日）蜂擁而至本報八打靈再也總社禮堂，聆聽他主講「華人與傳統文化」。

不過，由於本報禮堂只能容納三百人，因此讓許多遲來的朋友失望而歸，本報對於此引起大家的不便，致以深深的歉意。

柏楊昨晚（二十四日）的講座會雖訂在晚上八時開始，但從傍晚六時起，人群已經陸續湧來，到了七時，禮堂已經座無虛席，而人群還是不斷的到來。

但無論如何，昨晚（二十四日）無法一睹柏楊丰采和聽聽柏楊妙語的讀者，請不要灰心，今晚（二十五日），柏楊會在同樣的時間，在本報再次跟您約會！

這是柏老昨晚（二十四日）在本報總社親睹他的衆多讀者無法進入會場，被迫擠在禮堂外的熱烈場面後，非常感動，因此，他在講座開始時，自動要求今晚（二十五日）再來一場講座，以讓昨晚（二十四日）失望而歸的朋友彌補遺憾。

柏楊今晚（二十五日）的講座，將以交流會的方式舉行，主題仍是「華人與傳統文化」。講座將在晚上八時開始，地點改在本報總社大廈前的廣場，可容納千多人，歡迎大家踴躍出席。

不過，本報希望今晚（二十五日）前來聆聽柏楊講座的讀者注意，由於場地的限制，所有外賓的車輛不能駛進報館，駕車人士可把車子停放在士馬兀路（Jalan Semangat）兩旁的泊車位，或八打靈再也十七區。

婆母思想

——一九九一·六·二三·吉隆坡〈南洋商報〉

【馬六甲二十二日訊】台灣著名歷史學家柏楊強調，有五千年歷史的中華文化已經走向衰老，出現萎縮，必須從其毛病着手，對症下藥，才能使中華文化避免死亡。

他說，我們不能因爲中華文化還沒有死亡，就認爲它沒有毛病，任由它繼續衰老萎縮下去。

「我們一定要瞭解爲何它會衰老，找出其毛病之所在，然後針對問題，給以糾正。」

柏楊是於昨晚（二十一日）在馬六甲留台同學會主辦的講演會上，以「醜陋的中國人」爲題，做專題演講，慕名出席聆聽的聽衆，擠滿整個華美大酒店大宴廳。

他說，在這個時代，講求的是文化到底屬於強勢文化還是弱勢文化，而不是孰優孰劣的問題。

「中華文化雖然有五千年的歷史，但是與西方文化比較，中華文化現在是屬於弱勢的文化。」

他說，西方文化能成爲強勢文化，是因爲西方文化一直在飛躍上升。中華文化卻一直在就地盤旋、重複又重複，終於逐漸衰老萎縮。

他鄭重指出，他不斷談中國人醜陋，講中華文化的劣點，不是因爲中華文化沒有優點，而是因爲這些優點不會造成滅亡，只有缺點，才有危險性，必須加以糾正。

「就好像一個老師，對學生的學業成績，專檢其表現差的項目來談，對其優良的科目，閉口不提一樣，目的是要他改進。這也像患病者一樣，對於本身的毛病，不能用本身其他部份健康做爲理由，而對毛病不加醫療。」

他說，「一個人必須不時的自我檢討，才會有進步。例如平時我還以爲本身是多麼美男子，與太太在一起，總覺得自己了不起。可是，當我一照鏡子，看見自己的模樣時，心裡實在感謝太太嫁給我。」

他表示，我們一定要了解自己，查問發掘自己是否有毛病，是否有犯錯。假如上帝給我們一對能看見自己的眼睛，相信這世界會和平得多。

他也指出，當一個人有不好之處時，唯有至親友好才會將其缺點告訴他。一個民族也是一樣，除了自己，誰能了解我們，誰肯講我們的缺點？

他認爲中華文化，與西方文化比較，相信是多了或缺少了某些東西，無論多了或是少了，都是不正常的。

「中華文化，過去五千年唯我獨尊，在過去，中華文化的確是優秀的，現在卻不然。現在的中華文化，已經走向衰老，出現萎縮，雖然還沒有死亡，但是如不加以拯救，死亡終將來臨。」

他說，有機體會衰老死亡，社會、文化也一樣會衰老死亡。因此，對於文化的衰老，我們一定要了解其原因。

他指出，在中華文化裡，沒有溝通文化。中國人對於溝通一向不注意，在中華文化裡，欠缺這種成份。

他說，中國從一開始就被陷入兩個極端，總是一人一端，除了君子，都是小人。自己永遠是君子，對方永遠是小人。對小人當然不可以讓步，爭論不可以小聲，因爲小聲被視爲理虧，聲音高的才會贏。

「溝通的重要因素是誠實和讓步。岳飛死後，中國人與外人溝通，始終不敢讓步，怕被指爲賣國求榮，罩上漢奸大帽。」

其次，中國文化裡，缺少平等的觀念。也不能接受基督教主內是兄弟、一律平等的觀念。中華文化裡，有嚴格的等級之分。連老吾老以及人之老，也要「先老自己的老，才去老別人的老」。這不是好或壞的問題，而是基本理念。

他強調，不平等要溝通是很困難的，一定要先有平等，才能講到溝通的問題，才能爲對方着想。中華文化沒有平等基礎，民主制度才建立不起來。

他說，中國人有強烈的我比你高一等、你比我低一等的觀念，不能平等。做老闆的，就非擺出一副老闆模樣不可。

「在我們的傳統裡，有一種『婆母思想』。以前的婆媳，地位是非常不平等的，媳婦在婆母面前，完全沒有地位，受盡委屈，卻不能做些什麼，唯一的指望是等婆婆死了，由自己做婆母。」

可是，他說，當媳婦眞的做了婆母，她不但不能解除其婆母的傳統暴虐，還變本加厲，加在自己媳婦身上。這種婆母文化，也反映在中國的政治上。中國革命，所帶來的結果一次比一次糟，不像西方國家，每次改革，都帶來改善。

他表示對中華文化的缺點很擔憂，爲了讓孩子們將來有更好的世界，他一直在想，也一直在講。

他認爲要糾正中華文化的缺點，要消除中國人的醜陋，每個中國人都應該做鑒賞家與審判者，只要大家能眞正表現出鑑賞家的能力，則一切不好的行爲事件，將不會重演。就好像當街脫衣，假如無人欣賞，脫衣者一定不會再脫。對於官員的表現，也應用鑑賞家的態度去批判，用審判者的眼光去判斷。

處理種族問題須謹慎

——一九九一・六・二三・吉隆坡（南洋商報）

【馬六甲廿二日訊】台灣著名歷史學家柏楊提醒我國華裔人民，在多元種族國家，處理涉及其他民族的問題，一定要格外慎重。

他說，談及其他民族的問題，並非單靠理直氣壯可以解決，而需要應用智慧與理智去進行。

柏楊是於昨晚（二十一日）在馬六甲留台同學會主辦的「柏楊、唐彭演講會」上，答覆聽衆的問題時，如此指出。

柏老的專題演講，吸引了約七百多名聽衆，大家不但很有秩序地恭聽他的演講，也很熱烈發問。

他的上述忠告，是在聽衆文亞蘇提出三保山與文化城問題後發出的。

對於文氏要柏老發表關於三保山問題的看法，主持人蔡苔芬鑑於他尚未上山觀看，對有關問題還沒有深入了解，沒請他回答。

雖然如此，柏老被這個問題引起興趣，提出了上述忠告。

他說，他在新加坡時，發現該國對處理種族問題非常愼重，像電視節目上，華人家庭中的女傭或僕人，絕不允許是馬來人，爲的是顧及馬來民族的感受。

回答另一位聽衆的問題，他認爲馬來西亞的華人，應該靠自己的能力解決本身的問題。他也說，華人要受他族尊重，一定要先使自己足以令人尊重，不但行爲要令人尊重，手段也要令人尊重。

他表示，馬來西亞是這裡華人的祖國，這裡的華人一定要以馬來西亞人的心來愛這個國家，而且要把自己能夠解決的問題，放在第一位，優先處理。「生在這裡，死也要在這裡！」他說。

他指出，華人沒有共同的宗教維繫在一起，維繫華人的，是華語華文。海外的華文教育工作者，心酸是超過快樂的，甚至在馬來西亞華人占了三十一巴仙的國家，華文華語也沒有得到應有的地位，但這不要怪別人，要怪自己。

對於其家鄉的雕像被中國當局拆除的事，他表示，當年其雕像被立起來，他不知道，如今被拆，他也不知道，因此，立雕像他並沒有發瘋，雕像被拆，也不會發瘋。他的言論，並不會爲此雕像問題而有所改變。

他強調，他永不會爲違反正義的一點利益就屈而依人。

他也引述孫觀漢的觀點，勉勵華裔同胞「不要」做大事，「只要」做小事。人人從小事做起，包括珍惜手中選票，就可以拯救華族。

柏楊牽掛張四妹

——一九九一・六・二一・吉隆坡〔南洋商報〕

【吉隆坡廿日訊】台灣著名歷史學家柏楊，將於明天（廿二日）專程赴森美蘭淡邊新村探訪與他有一段「緣」的穿山甲人張四妹。

柏楊曾經於一九八二年應馬華公會的邀請，蒞馬公開演說。當時的機緣巧合，他看到了張四妹的照片，並對她的不幸遭遇落淚。他回台灣後，在〔中國時報〕發表了一篇「穿山甲人」的報導，引起台灣人民的矚目，並使張四妹得以獲得長庚醫院免費治療，改善病情。

一別經年，柏楊仍然對張四妹的病情牽掛，這次訪馬，特要求主辦當局留台聯總婦女組安排前往探望，進一步了解張四妹的近況。

柏楊夫婦熱心社區革新

——一九九二・六・二五・台北（中國時報）

蘇嫺雅

知名作家柏楊最近參加了生平第一次選舉，結果最高票當選。七十三歲的柏楊所以會「破戒」參選，不是爲名、也不是爲利，而是爲了自己所住社區的未來。現在的他，頭銜稱謂上又多了一項「花園新城守望相助委員會監察人」。

談起柏楊，很多人都聯想到《柏楊版資治通鑑》，但對於住在台北縣新店市花園新城攬翠樓的幾十戶人家而言，柏楊卻是熱心公益、愛管閒事的典型代表，如果沒有他，那幢大樓的管理費根本沒有辦法收齊，許多位揚言「不搭電梯」「不需要管理員」的住戶，根本就拒繳管理費。

爲了讓自己所居住的大樓，不至於因爲缺錢而聘不起管理員，付不出電梯保養費，連帶地也荒廢清潔工作，通常柏楊會親自去拜訪不繳管理費的人，一而再，再而三，直到收到錢爲止。他的態度是：「碰釘子也沒關係，要有耐心，而且和顏悅色。」

對於自稱「不搭電梯」所以不繳錢的住戶，柏楊會要求管理員盯牢，只要那個住戶一步踏上電梯，馬上就去催收管理費。

難得的是，夫人張香華也和他「有志一同」，有一回，張香華碰到一個不繳管理費的住戶開車進停車場，她立即尾隨跟到那個人家裡催收管理費。

在夫婦兩人的努力下，他們所居住的大樓，目前無人拒繳管理費，居住品質始終維持在一定程度以上。

平日讀書、寫作十分忙碌的柏楊，何以有時間管這些「閒事」呢？

「就看你把哪件事放在第一位，如果把社區的事放在第一位就不忙。」

就因爲柏楊重視社區事務，其所居住的花園新城社區的鄰居們，最近聯袂拜訪他，請他出來擔任守望相助委員會的「掛名主委」，以協助那個正逐漸沒落的國內第一個新社區，重新恢復生機。

但柏楊認爲「掛名」的時代已經過去了，如果他擔任主委就必須負起責任，而他是一個文化人，他說他的領導能力很差，年紀也大了，所從事的又是必須工作才有收入的行業（他戲稱是「勞改營」），因此婉拒競選主委，但願參選監察人。

結果由於他的知名度及德高望重，在近三百人投票的選舉中，他以一百七十四票「最高票當選」。爲了兌現自己的競選諾言，柏楊已開始構思加強收取管理費以維護社區居住品質的種種方法，並認爲可以用「申請『貧民戶』就不必繳錢」爲手段，來激勵住戶交錢。

他甚至準備在〈柏楊版資治通鑑〉的出版工作告一段落後，花點時間設計花園新城郵票，對外發行，以籌措社區清潔經費。

在柏楊眼裡，每個人把社區的事做好，就是尊重民主，尊重人權，因爲西方的民主是一種社區文化。

柏楊獲頒桂冠詩人

——一九九二・七・一一・台北《民生報》

【本報訊】從不以詩人自居的作家柏楊，日前意外接獲喜訊，設於美國舊金山的國際桂冠詩人聯合協會（United Poets Laureate International）頒給柏楊「桂冠詩人」頭銜，並將贈與他一座金質桂冠。

柏楊是以他《柏楊詩抄》（英譯本）獲此殊榮，內容爲他當年服監時在獄中的眞實經驗。

柏楊十年譯成〔資治通鑑〕

——一九九二・八・一四・台北〔中國時報〕

朱恩伶

作家柏楊投注十年光陰，在幾位得力助手的協助下，將宋朝司馬光九百年前的歷史鉅著〔資治通鑑〕，翻譯成現代語文本。十年來，〔柏楊版資治通鑑〕陸續出版了六十八册，在今年底出齊七十二册後，便要大功告成。

柏楊認爲，〔資治通鑑〕是每一位關心中國的知識份子都應該看的書，但由於十一世紀的文言文對二十世紀的現代人來說，太晦澀難懂，柏楊早在一九五九年看〔資治通鑑〕時，就發願將來有空要翻譯成現代語文。可是他早年忙着寫小說，六〇年代大量寫時事雜文，直到一九七七年坐了十年政治獄後，才決定不再把生命浪費在一時一地的政治問題上，才定下心來把寫作熱情轉移到〔資治通鑑〕的翻譯上。由於遠流出版公司負責人王榮文十分支持柏楊的心願，柏楊便在一九八三年夜以繼日地展開這項耗時十年的鉅大翻譯工程，而他的創作生涯也得以成功的持續下去。

原來預估三年內出三十六册的計畫，雖然一延再延成爲十年出齊七十二册，不過，柏楊始終有固定的讀者群，每册初版一萬本，一千本銷香港，九千本在台灣發行，平均兩、三個月內就再版。大陸地區則由中國友誼出版公司印行，每册銷數有十幾萬之譜。

目前海峽兩岸〈資治通鑑〉全本的現代語文本尙有多部，但屬〈柏楊版〉最淺顯易懂，它的特色在於官名都做了翻譯，地名也重新查證，地圖詳細，天干地支與年號均改爲西洋紀元，並盡量只稱人名，不稱綽號，而且堅持一字一音原則，盡量不使用破音字。同時，雖然是翻譯，但是經過考證，用現代觀點來詮釋注解，其中隱含了柏楊的史觀與評價。然而，由於史學界講究讀原典，遂從未對〈柏楊版資治通鑑〉正式發表意見。

十年來，柏楊大部分時間都在花園新城的書房中與〈資治通鑑〉一起度過。文筆雖然愈寫愈好，視力卻愈來愈差。

目前正在譯第七十册的柏楊，在大功告成前夕，還有兩個心願，那就是在出齊七十二册時，重新修改一遍，把前後不一致的地名統一。同時再完成〈資治通鑑〉副產品〈中國官制辭典〉與〈中國古今地名辭典〉。

柏楊說：「〈資治通鑑〉本身並產生不出來趙頊、司馬光等所盼望的教訓的力量，利慾薰心的人也永遠不記得歷史的教訓。」歷史血淋淋的惡性循環，只傳達了一個教訓：權力需要制衡。這是柏楊翻譯〔資治通鑑〕十年的心得。

大捕快高明輝成了昔日政治犯柏楊的「俘虜」

——一九九三・二・一四・台北〔新新聞雜誌〕

蔣經國身後的幾年政治發展給現代人的教訓是「政治無絕對性」。最近的一例像以前是民進黨包圍國民黨中央黨部，現在換成忠貞的外省籍國民黨包圍，並且高喊他們的黨主席下台。政治犯的「翻身」亦然。

「翻身」各有不同形式。民進黨多半透過選舉，獲得高票，進入國會議堂。孫立人出席了盛大的壽宴，又有國防部長親訪。知名作家柏楊呢？

柏楊在民國五十七年三月被調查局逮捕，一去不返，在黑牢度過十一年的光陰。入獄前，柏楊在妻子主編的〔中華日報〕上負責推出「大力水手」卜派漫畫。有一則漫畫說，父子兩人合購一個無人小島，建立自已的王國，但父子倆卻互相競選總統，各不相讓。

調查局認定漫畫意在侮辱元首，動搖國本，柏楊被傳訊後未再歸返。後又被刑求，寫下自白書，承認自己是匪諜。一直到六十六年四月才被釋放。

前調查局副局長高明輝前年因辦獨台會案，心情頗爲沮喪，不久便退休了。退休前，依政府機關的文化，像高明輝這樣的高級官員，部屬多半會打造金盾、銀盾，上面刻一些「功在國家」的讚頌之辭。

調查局沒有例外，但高明輝知道局內要贈送銀盾給他時，個性直率的他去跟局長吳東明請求「不如臨別贈書」，而且，高明輝還點名要柏楊著作的《資治通鑑》白話本，已出版到七十餘冊，正在打折，八千多元。調查局順應了離人的心，眞送柏楊著書給高明輝。

退休後，高明輝每三天讀一册，另外柏楊的獄中著作《中國人史綱》也在高明輝捧讀之列。

下輯

專訪

褻瀆君王的柏楊

——一九八四·一〇·三·紐約〔華語快報〕

Alain peyraube／著

梁其姿／譯

問：你在獄中的日子是怎樣度過的？對你來說，最難受的事是什麼？

答：開始和結束時最難受。開始時，我還以爲這是一場誤會，他們可能做事太積極、逮捕錯了人。很久之後，我才頓然領悟，這是最高當局要重重懲罰我的思想過於獨立。當時，我極怕從此湮滅，尤其審問時所用的刑求十分可怕。他們不斷拷打我、折磨我，迫使我供出我不曾犯過的罪，後來我的腿被打斷了，他們送我入醫院，在那裡，我受到不錯的待遇，因此，我又開始懷着希望。我對自己說：「既然他們要醫治我，那就是說明他們要保留我的性命。」當我獲悉我的判決時，即大大的鬆了一口氣。在獄中，我很快便適應生活，習慣被隔離、習慣各種的缺乏、習慣飢餓等等。

問：入獄後他們有沒有繼續審問你？你有沒有被迫向獄吏表白你的「壞思想」，被迫經常作「自我批判」？

答：沒有。台灣的監獄與大陸的不一樣。在台灣，一旦刑期被宣判後，犯人便得到某種安寧。判刑後不久就移送監獄，在監獄裡，原則上，他們不會再折磨你。不過，我服刑期滿後，卻重新體驗到恐懼。雖然我從獄中被釋放出來，但他們卻立刻把我軟禁在綠島。在軟禁期間，我一度完全放棄重獲自由的希望，那時候的生活的確可怕。我甚至沒有可談話的對象，每天都在等待、焦慮中度過。最後，我還是走出來了，這得感謝美國卡特政府及他的人權政策。

問：短篇小說和諷刺性雜文，在你作品中佔有重要的位置。你對這兩種表現形式，是否有特別的偏好？

答：沒有。但讀者較喜歡後種形式的作品。我想以我感興趣的主題而言——如嘲諷人性的愚蠢、自大和虛僞，雜文的形式可能較更適合。短篇小說以篇幅短小取勝，所以重要的意思要直截了當的寫出來，不能贅述多餘的細節或微妙的心理狀況，這類描述可能把某個人物的複雜性格襯托得更完滿，但最後卻把重要的主題在次要角色的描述中淡化了。

問：最近你正在把一位十一世紀史學家司馬光的作品（資治通鑑）譯成現代中文，這是否代表你作家事業的轉捩點？

答：我至今仍不太清楚，可能是。可能我不會再寫小說或雜文。自我入獄後，我對歷史的興趣增加了許多。我覺得歷史著作並不是次要的文學類別。同時我覺得，在中國，歷史該擔當非常重要的角色，年輕一代正面對着文化脫離的危險，他們應重新發現文化的重要性，及經典作品中的人文精神。當然，他們也應該知道古代中國統治階層是如何的腐敗。

古代作品中，有許多是很了不起的，但是，對大部份的人來說，文言文太困難了，他們看不懂，所以，我決定把司馬光〔資治通鑑〕譯成現代語文。這本史書上起公元前四〇三年，下迄公元九五九年。翻譯也是一種創作，翻譯司馬光的作品，樂趣絕不下於我寫自己的雜文。

問：你某些反西方主義，是否啓發自這種「文化脫離」的現象？

答：我絕對不是一個反西方主義者，我只是反對那些暴發戶趕時髦式的親美。這種人在台灣十分多。那不等於說凡進入台灣的西方道德、及文化價值，都應該被摒除。

台灣和其他東南亞國家從美國輸入的，只是人家的「低級文化」。你們只要翻開報紙看看，現在台北戲院上映的美國片，尤其那些場場爆滿的影片，便了解我的意思，這些都只是乙級電影，我們並不需要接受這種文化。

問：你目前生活狀況如何？他們會不會再找你麻煩？

答：希望不會。我出獄後，就被指定到中國大陸問題研究中心當研究員。我對大陸其實一無所知，但是，他們給我這份工作，是爲「補償」過去對我不公平的待遇。我每星期只上班一天，去看看大陸報紙。其餘的時間，我都躲在家中，寫我喜歡的東西，他們讓我安靜的過活。我有國民黨的朋友，也有黨外的朋友，對此，別人無話可說。最近數年，台灣的風氣着實變了不少，當然，我說的是往好的一面。

問：你認爲台灣的人自由？抑大陸的人自由？

答：當然是在台灣的人。最近我聽到關於大陸的各種現象，都是令人沮喪的。如果我身在北京，一定還在獄中，可能我會在某些曇花一現「自由化」運動中被釋放，這類運動每十年、廿年便重複一遍。所以，很快的，我會重新被關進勞改營裏去。因爲到了我這把年紀，絕不折腰。

柏楊，本名郭衣洞，無疑的是台灣最具代表性作家之一。他於一九二〇年生於河南開封，一九四九年離開中國大陸到台灣。在台灣，他很快便以尖銳的文學風格、幽默感和不饒人的諷刺筆調，聞名於文學界。一九六七年，柏楊翻譯一系列〈大力水手〉漫畫，其中有描述父子二人在孤島上競選總統的故事。對蔣介石來說，這是大逆不道的行爲，因他正準備立他的兒子爲繼承人。柏楊不能避免被判入獄八年的命運。他一直被關在綠島，一九七七年才獲釋放。

（原載一九八四・六・八・巴黎Le Monde報）

正視中國人的居住情結

——一九八六·六·台北〔摩登家庭雜誌〕

丘慧薇

拜讀過柏楊先生大作的人，必會爲其字字珠璣、擲地有聲的文章拍案叫絕，我們更爲其語含哲理、玄機、鏗鏘有力的罡氣與智慧，感歎折服。這樣一位從五〇年代即活躍於文壇，迄今已八〇年代，仍虎虎生風的「老前輩」，他悲天憫人、憂國憂民的胸懷，確實可令時下一般只重感官刺激、浮面娛樂的年輕人做爲借鏡，六十好幾，將屆七十之齡的「柏老」，如今仍熱心不減，視生命爲重責，視寫作爲使命。

新店的「花園新城」是台北南郊一處論空氣、論環境，都極爲舒適的住宅區，柏楊先生和多位文壇名仕都居住於此，在地靈人傑、環境優雅、人文薈萃等諸多條件的配合下，可想而知，柏楊先生對「居住環境」此一關乎民衆養息的問題，必有其獨到精闢的見解。

上述兩段所言，即是我們邀請柏楊先生從百忙中，抽空接受訪談的主因。

與中國自有歷史以來所記載的，有關平民居住情形相比，柏楊認爲「我們現在住的是天堂」。在我們的印象裏面，中國的建築都是金碧輝煌、造型典雅，不是琉璃瓦，便是朱門深院，具有寶藍、金黃、朱紅等象徵性的建築色彩，殊不知，如果把這些概略的了解，運用到對中國平民住宅的認識上，是會有很大的偏頗。研究歷史，並將其史觀運用到小說雜文……，甚至手邊正在着手翻譯成白話的〔資治通鑑〕的柏楊先生告訴我們，其實像台灣的國父紀念館等建築宏偉、氣宇軒昂的中國風味濃厚的代表性建築物，更甚而如中國大陸北京的紫京城等等，它們雖代表着中國五千年悠遠深長的文化，象徵着泱泱大國的氣度和風範，但是，它們卻不是中國平民所能居住的，它們和中國人民的居住型式和生活機能、習慣，相距十萬八千里，如果我們要了解眞正中國人的居住環境型態，必須撇開這種「官邸」人家的住宅模式。

我們知道，中國固然有其優美的傳統文化，也有過盛世太平，也有過豐功偉績，人民曾經豐衣足食，不愁吃穿，但是，曾幾何時，「中國人從九、十世紀便開始衰退了，到了十七、十八世紀，歐美文化像一道洪流一般，擋也擋不住的衝將進來，很明顯地，我們被歐美的強勢文化征服。」柏楊分析的說。「弱肉強食」是動物環境裏非常自然的現象，將之比喻在文化與文化的抗衡、衝擊、國與國的敵對、兼容並蓄，應該頗爲恰當貼切。由於這樣的衝擊，再加上中國連年戰亂，每更換一個朝代，就必有一次重大的烽火連天，使得人民居無定處，飢餓窮苦。在這樣貧乏的生存條件下，中國的民間建築，根本不能表現出原有的堂堂大氣。柏楊說：「中國文化雖然悠遠，但衰弱了，一個民族、家庭，或一個人窮苦久了，便會愚昧無知，這是很自然的現象。中國有幾年沒有戰亂？旱災的打擊面尤其強，因此，我們的文化層面只好定位在求生存上，有錢人的生活層面只能提高到吃得好一點，但是對於窮苦的平民來講，他們卻無能無閒追求音樂、圖書……等精神享受，更遑論及居住空間的講究。」

對於「陽宅風水」等論調，柏楊先生頗不以爲然，他認爲中國人沒有安全感，愈是有錢的人愈沒有安全感、沒有自信、沒有自尊。其言下之意，指的是中國人藉「陽宅風水論」來作自慰，求得生活、精神的保障。他說：「從另外一個角度來看，只要你覺得住得舒服，那麼就是好風水，如果你不舒服，就不是好風水。」我們的心理作祟因素，經常因此牽絆我們的生活習慣、型態，久而久之，約定俗成，變成一種習慣、信仰，其力量已經深植在大部分舊時代人們心中，它的正面意義是什麼？負面的影響又是什麼呢？這恐怕不是我們所能斷言確定的。

柏楊舉一個例子，他說胡適先生曾經是倡導維新運動的支持者，但是到了自己的母親仙逝，駕鶴西歸，他卻面對「披麻戴孝」的挑戰，內心掙扎，不知該如何是好。這個例子恰可說明中國人對一些文化、舊風俗的心理根結。

如何改進我們居住問題裏的缺點呢？柏楊認爲我們必須接受這個時代好的、光明的一切，他說日本人對於原有文化精髓，能夠保持的非常好，爲什麼我們不能呢？他說：「缺點就是缺點，千萬不要避諱。現在只有接受西方好的東西，保留自己好的東西，才能進步。」

「隱密的愛情」

——一九八七・二・台北《風尚雜誌》

賴瑞卿

攬翠樓孤零零地，矗立在暗黑的山上，凝視着靜謐的新店溪，感覺上就像柏楊的作品一樣地孤傲狷介。只不過，進了屋子，頓時溫暖起來。年近七十的柏老，神采奕奕，臉上找不到一絲皺紋，望之如五十開外，身着一件深藍色毛衣，舒舒服服地靠在軟厚的沙發墊上，旁邊一隻漂亮的暹邏貓，轉動着藍色的眼珠，不時向主人及訪客掃射，偶爾也聳動一下耳朵，來傾聽人類的愛情問題。

柏老相當健談，話匣子一打開，就滔滔不絕地持續下去，語音隨着內容抑揚頓挫，時高時低，不時的合着手勢，強調他的看法。

話題從「性解放」開始。

「我不認爲性解放會導致性氾濫，甚至性犯罪。只要是成年男女，都應該爲他們自己的行爲負責任。他們應該淸楚地知道，自己在作什麼？必須付出什麼樣代價？如果他們願意付出代價（代價很多，包括社會輿論的責備，和婚姻的破裂、愛滋病的傳染），別人不必爲他們操那麼多心，因爲這是兩相情願的事情，只要不使用強迫的手段。」

柏老啜了一口茶後，又繼續道：

「由於所有的性行爲都要付出代價，當事人在權衡輕重之後，自然知所取捨，所以不會有性氾濫這回事。至於性犯罪，更不可能！所有的性犯罪，大部份發生在保守而封建的社會裏，因爲這樣的社會，性壓力沒有正當的宣洩管道，所以容易做出犯罪行爲。在性解放的社會裏，性是很容易獲得的東西，兩情相悅，即可在一起，用不着採取犯罪手段來達到性的目的。」

然而，性解放之後，同居會成爲普遍的社會現象，是否就因此危害婚姻制度，甚至造成「人慾橫流」呢？

這一點，柏老又有他獨特的看法：

「我不反對同居，就像我剛才所說的，這是兩個成年人自願的行爲，他們應爲自己的行爲負責，別人無權置喙。我這樣說，並不表示，我反對婚姻制度。」說到這裏，柏老架起眼鏡，語調也略爲提高。

「我希望天下有情人皆成夫妻，更希望天下夫妻都成朋友。性只是婚姻的一部份，夫妻相處久了，如果不能成爲好朋友，彼此欣賞，擁有共同關切的話題，擁有共同的朋友，分享彼此的喜怒哀樂，只是晚上上床，白天又成男女陌路，這樣的婚姻並不美好。

「至於性開放是否會造成人慾橫流？這是杞人之憂！古代男人三妻四妾尚能見容於社會，何以現代男女追求肉體上的平等、自由，反而會造成問題呢？整個社會有一定的規範，兩情相悅當然也會維持在一定的天平上，性如果唾手可得，無論男女都會斟酌，我該不該要它？我得付出什麼代價，這些都自然會構成制約。」

談到這裡，柏老望着他漂亮的太太一笑，兩人似乎對這些事情有共同的默契。柏老又接道：

「基本上，我是贊成婚姻制度的。沒有婚姻，就沒有家庭，中國人的婚姻態度，比較執着，這是對的：一個幸福的婚姻才能維繫美滿的家庭。一個男人有再大的權威，可以呼風喚雨，可以發動戰爭，但這些都是空虛的；回到家裡，看到幼小的骨肉，那樣軟弱，那樣依賴你的扶持，那種感覺才是溫暖、充實的。可是幸福的婚姻，有一半要靠運氣，並不是每一個人都有機會得到。社會不應該輕視那些婚姻不幸福的人、那些離過婚的人。離一次婚，就好像剝一層皮，大家必須諒解它。因爲惡劣的婚姻，就好像頭撞牆一樣地痛苦，離婚難免對孩子造成傷害，可是不離婚，對孩子的傷害可能更大。不過夫妻分開以後，在孩子面前，最好不要攻擊對方。你可以直接去打擊那個負心的人，但是千萬別在孩子面前，因爲這是夫妻兩人的事。讓孩子恨父親或母親，對孩子、對社會，都是很大的危險。社會上有很多勸合不勸離的鄉愿，結果弄得離婚之後，雙方變成仇敵。我的態度是，朋友要離婚，我可以當證人，要再結婚，我也可以再當證人。」

對於婚姻和愛情，柏老的見解叫人聽來心驚，但也不能不佩服，這個年近七旬的老人，竟然有這樣現代的觀念。

一直冷眼旁觀着訪客的暹邏貓，這時因爲女主人離去，噗地躍進我的懷裡。我撫着它溫柔的長毛，突然又想起現代人最大的感情危機——外遇，想來柏老對於這個敏感的問題，一定也有獨到的見解。

「外遇其實可以稱爲隱密的愛情。沒有感情的外遇，只有性、沒有愛，毫無意義。但如果有了感情，分手時，雙方都會痛苦。外遇，男女雙方需負同樣的責任，一個銅板哪裡會響呢？外遇的魅力在於它的隱密，於婚姻之中，還享受到另一個隱密的刺激。這樣的愛情當然有它的侷限性，這正是它的魅力，也正是它的缺陷。隱密的時候，付出的代價小，一旦公開了，後果恐怕不可收拾，雙方可能都必須付出聲望、名譽、地位，和婚姻的代價。所以公開曝光，就是外遇的死亡，一曝光，它就沒有了。聰明的人，在必須說再見的時候就應該分手。」

沉思之後，柏老又說：

「婦女就業的機會多了，經濟獨立，背着丈夫孩子，享受一下外遇刺激的機會也增加了。我見過一些婦女，不懂得掩飾外遇，不僅帶着那個該死的男人到處亮相，有時也不避諱親密的行爲。如果能在不傷害第三者及不公開的條件下，那就只是他們個人的事。」

從兩性的新關係、愛情，到婚姻，甚至外遇，柏老都像快刀斬亂麻一樣，剖理得一清二楚。我想只有像他這樣具備圓熟的閱歷、仁慈的胸襟，和年輕的心靈，才可能對這些困擾現代人的兩性關係，採取這種理性而寬容的態度吧！

走出攬翠樓，冷風迎面而來，刮得我耳垂發痛，然而，柏老的話，不斷在我的心頭翻攪。打開收音機，ICRT正在播放着：

If I tell you ,if I tell you now, Will you keep on ,Will you keep on loving me if I tell you, if I tell you how I feel, Will you keep on bringing out the sweetest taboo……

Sade沙啞的歌聲，伴着呼嘯而過的北風，在空氣裏激盪着。

攬翠樓漸漸被丟在身後，只有柏老矍鑠的身影、鏗鏘的語調，始終在腦海盤旋。

通鑑緣‧柏楊與小讀者林卓漢對談

楊文娟

——一九八六‧七‧二‧台北〈自由日報〉

有一個不平常的聚會，在台北總督餐廳裏進行，六十七歲的作家柏楊，跟年只十歲，目前就讀台北市景美國小四年級的小讀者林卓漢對談。

那一天是一九八六年三月二日，林卓漢在爸媽及姐姐的陪伴下出現，他不斷地以童稚的赧然一笑來掩飾他會見心目中大人物時，因喜悅而產生的緊張。伶俐可愛的卓漢，是一個很容易害羞的小男生——額前覆着一片劉海，清亮的雙眸閃着慧黠，大概很少人想像得到，他是目前〈柏楊版資治通鑑〉讀者裡，年紀最小的一位吧！

「叫柏爺爺呀！」卓漢的爸媽提醒孩子注意禮貌，不料，話才剛說完，柏楊卻接口說：

卓漢張着嘴，視線游移在爸媽和柏楊之間，心裡暗暗地盤算着，該聽誰的呢？他很想就像在家裡那樣，直呼柏楊。可是對一個中國孩子來說，卻又覺得當面稱呼長輩名字，是一件不禮貌而且十分尷尬的事。從卓漢無所適從的神情中，他的媽媽明瞭兒子的心事，於是出面解圍，說：

「柏楊也好、柏楊先生也好、柏楊爺爺也好，你自己決定。」

「柏爺爺！」卓漢閃了閃他的眼睫毛，似乎幾經考慮後，才脫口而出。

「卓漢你好！」柏楊興奮的說，「我剛才要你直接稱呼我的名字，可不是故意爲難你或試探你的喲！而是我覺得中國人的稱謂實在太多了。」

「怎會多呢？我不懂。」卓漢滿臉疑惑，希望能聽到更清楚的解釋。

「像西方人，是直接稱呼某某先生、某某女士，表現的是一種平等的意識。中國人就不是這樣了，稱呼人總不忘記把最好聽的職稱、官銜，加在名字上面，你看〈通鑑〉上是不是有很多這樣的例子？」卓漢點點頭表示同意。而柏楊轉過頭對卓漢的爸媽繼續說：

「一個朋友告訴我，她父母在世的時候，有客人來，父母就教她喊張伯伯、李阿姨的，後來父母過世，她從美國回來，想探望張伯伯和李阿姨，卻不知張伯伯和李阿姨叫什麼名字，所以她現在一定讓她的孩子連名帶姓的喊她的朋友，以免重蹈覆轍。她讓她的孩子就叫我柏楊。」

「叫我柏楊好了！」

「這倒是挺有道理的，值得學習。」林媽媽贊成這個建議，然後笑着說：「卓漢在家看書，有時看到一半，就會跑來跟我說，媽，柏楊說怎麼怎麼。在我們家呀，最常聽見的，就是『柏楊說』，反倒不是我們這二位『老師』說了！」

原來卓漢的爸媽都在大學教書。媽媽賴芳伶女士更因爲學校遠的關係，一星期中有一半時間在台北，一半時間在台中，基於這個原因，使卓漢對姐姐有一份特別的依賴。平常媽媽不在家的時候，姐姐就像一個小母親一樣地照顧他，並且時常帶他上市立圖書館的兒童閱覽室借書。席間，有個有趣的現象不斷重複，每當卓漢發表意見時，總會習慣性的先看看姐姐，然後再回答問題，似乎也在徵詢姐姐的意見。而當卓漢跟姐姐說不懂怎樣使用刀叉，姐姐立刻拿起刀叉示範，逐步的教他，姐弟之情表露無遺。

在三年級要升四年級的暑假，卓漢和姐姐，在媽媽書架上，隨手翻到一本〈大分裂〉，書前精緻動人的圖片，使卓漢愛不釋手，由圖片而文字，自此遂與〈通鑑〉結緣，奠下這次老少會的基因。

通常，十歲左右的小朋友，正是活潑得像一匹小馬，一刻也靜不下來的年齡。除了上課，跳房子、騎馬背、打彈珠、玩躲避球、一二三木頭人……一長串的遊戲，加上偶爾的看看連環漫畫或童話故事書，便是他們生活的全貌。個性安靜的卓漢獨獨不然，卻在歷史的領域裡，心滿意足。

不論是紛亂的戰國，錯雜的楚漢相爭，骨肉間互見血腥的八王之亂，或是肥水戰役，一個個眞實的故事，令他入迷。國君的號令天下，兩個厮殺的莽莽大軍，不斷自他腦際升起。廣寬的歷史空間，傳神的人物描繪，歷代風雲就像一幕幕說不完、道不盡的好戲，誘使卓漢無需爸媽的催逼，就能一册册忘我地看下去。

每讀完一册，卓漢小腦袋裡的疑問總有一火車，常常在腦中盤旋的是一個個揮之不去的「爲什麼」。在家裡，他的爸媽是最好的解答者，當卓漢提出「爲什麼」的時候，爸媽會放下手邊的工作，陪他一起尋找答案。但，世上沒有全能的老師，也沒有全能的父母。在遍翻群書，仍覺束手無策的時候，他們往往採取將問題暫時擱置的方法，等待來日有機會請教專家，或是自己哪一天豁然而解。無形中，這個高貴的家庭，比別的家庭更蘊含一份書香的溫馨。不過卓漢仍感覺遺憾，因爲很少有同學能與他一同分享這份追尋「爲什麼」的快樂。每當他跟同學提起有〈通鑑〉這部書時，眞的是很難激起他們的興趣。大多數同學的反應，是一副奇異的表情，有的甚至還告訴他：「老師上課沒有教，考試也不考，懂不懂都沒有關係的啦！」所以在學校裡，儘管他是老師、同學眼中，品學兼優的好班長。但是，他仍然覺得寂寞。

面對這樣一位小讀者，柏楊對卓漢閱讀〈通鑑〉的情形，十分興奮和關心，很想知道他究竟有那些與衆不同的地方。於是柏楊開始像對一個大人似的，詢問他的意見。

「在〔通鑑〕裡，印象最深的是什麼？」柏楊問。

卓漢回答：「戰爭。」

當柏楊再問對哪次戰爭印象最深刻時，卓漢因太緊張而久久呆在那裡，不知道該怎麼回答才好。這時媽媽親切地對他說：「卓漢，不要緊的，這不是考試呀！你知道什麼就說什麼嘛！」經媽媽提醒後，卓漢緊張的心情才慢慢舒展開來，定了定心思，娓娓的說：

「肥水之戰。因爲前秦苻堅率領八十萬大軍，卻被晉國用很少的兵力打敗。」柏楊聽了之後點點頭，笑着說：

「聽你爸爸說，你有很多問題要問我啊，是不是？」

羞澀的卓漢，提起勇氣，問：「是不是所有的戰爭，都是爲了和平？」

柏楊對一個孩子在一開始便提出這麼大的問題來問，感到吃驚，稍微停頓了一會兒才說：

「並不是每一個戰爭都是爲了和平。戰爭的原因有很多，譬如說，爲了保護自己，爲了爭奪權勢，爲了擴展自己的領土等等。等你長大了，你會發現有很多事情，就跟戰爭一樣，發生的原因並不簡單。到那時候，你就要學會判斷，判斷在許多的理由當中，哪一個是眞正的理由！」柏楊看卓漢對他所說的話，頻頻點頭，就更高興了起來。

在孩子的評價裡，戲中的人物是沒有中立派的，非善即惡，所以，往往戲一上演，孩子們一定拉着大人問：「他是好人還是壞人？」對〈通鑑〉裡的衆多人物，卓漢也挑選出他最覺得敬佩及討厭的人物。

「最敬佩王猛，最討厭桓玄。」他毫不猶豫地說，「王猛是個大政治家，一下子就把前秦治理得很好。桓玄卻是個貪心不足的人，晉國已經給他那麼多財產跟那麼高的官了，他還不滿足，一心想篡位。」

柏楊再問卓漢對項羽有什麼意見，只聽卓漢說：「不喜歡項羽，因爲項羽常欺壓人民，像一個惡霸一樣，而且也不聽別人的勸告，對人又驕傲得很。」

柏楊又問他對秦始皇有什麼看法？而這時的卓漢卻說出一個驚人的回答，他說：

「我不認爲秦始皇會像書中說得那麼壞，我贊成柏爺爺說的，秦始皇有統一中國的功勞。眞正讓我覺得印象不好的是嬴胡亥。他繼位之後，一直沒停止焚書坑儒的壞事，而且秦國在他手裡沒多久就滅亡了。」

柏楊不知怎麼的，忽然問了一個很深的問題：「你覺得在魏、蜀、吳三國之中，哪一國才是正統？」

在卓漢說完「當然是蜀漢」之後，柏楊適時補充了一點：

「其實，在司馬光所作的〈資治通鑑〉裡，是以曹魏作爲正統的，他之所以這麼做，完全是為了方便年號的行使，使年號能夠不斷地延續下去……」

卓漢的媽媽憐愛地看着他的兒子說：「卓漢與常人最不同的地方，就在於別人覺得混亂、頭痛的年代，他卻最感興趣。對匈奴的生活習俗尤其好奇。」這使柏楊聯想到一個問題來問問卓漢：

「你有沒有算一算五胡亂華的時候，總共有多少國家？」

卓漢想都不想，以肯定的語氣回答，「十九國。」

柏楊得意的笑着說：「不錯，不錯！有不少人因為書上寫五胡十六國，就誤以為真的是十六國，這真是盡信書不如無書。直到現在我還不明白，為什麼實際上是十九國，卻會被說成十六國。難道連算都算不好嗎？我本來以為只有我的數學不好，沒想到還有比我更不好的！」

「柏爺爺，有一個問題我一直不明白，就是為什麼每次中國的外患，都來自北方？是因為北方不好嗎？」卓漢仰着他的小臉問。

「北方太窮太苦，」柏楊傷感的說：「我從小就生長在北方，現在又來到南方，我能確切的了解南方經常受到騷擾的原因。這個原因就是，北方沒有南方的富庶，沒有南方溫暖宜人的氣候，也沒有南方可口香甜的稻米。越往北氣候越冷，冰天雪地的，生活十分艱難，所以北方民族只有南侵，因為只有南侵才有可能出現一線生機。」柏楊說着說着，興之所至，驀然回頭和卓漢的爸爸閒聊上二句，差點遺忘坐在他身旁的卓漢，不過一經旁人提醒後，誠摯的笑意和抱歉連連，立刻堆滿臉上。

柏楊繼續說，「不論是北方民族或北方人，最大的威脅就是飢餓。」

「吃不飽嗎？」卓漢問。

「對的，很多時候是爲了吃不飽而打仗。打起仗來，因爲糧食少，也打得很特別。」柏楊說。

「怎麼個特別法？」卓漢又問。

「不久你就可以從《通鑑》上看到遼國的作戰，他們在出征前，通常只帶足夠攻破一個據點的糧食。」柏楊說。

卓漢等柏楊一說完，就緊接着問：「他們爲什麼不肯多帶呢？是不是怕行軍不方便？要是他們萬一覺得糧食不夠，那怎麼辦啊？」

「一方面是不方便，一方面也是因爲他們的糧草本來就不多，所以只能祈求上天保祐能夠盡快的奪下據點，好趁機奪取敵人的糧草。」

卓漢接着又問：「他們搶了糧食以後，難道就不要據點了嗎？」

「當然要啊！不然豈不是前面才攻下的據點，後面就緊跟着被敵人收復了？所以他們每攻下一個地方，就派人看管，然後再進行下一個目標。」

「那被打敗的人都不會起來反抗啊？」卓漢問。

「傻孩子，你想有誰會甘心當亡國奴？被打敗的人整天想的，當然是怎麼樣才能把這些討厭的人，從他們的土地上趕走。」柏楊對卓漢的一時迷糊感到好笑，但又不厭其煩的解釋着。

聚餐已近尾聲，但熱絡的氣氛卻如同每個人面前的那杯熱咖啡，香醇的熱氣不斷自杯口瀰漫。

「你都是在什麼時間看〈通鑑〉的？會不會影響到你的功課？」柏楊關心的詢問卓漢。

「不會啦，我都是在放學後，做完學校功課才看，所以每一冊都要花二、三個星期才看完。」卓漢解釋的說道。

當卓漢正忙於回答，而他的爸爸林明德教授，早已從手提袋裡，拿出上一冊的〈通鑑〉等着了，並且翻出卓漢在那一冊的地圖裡面所找到的錯誤。林明德教授說，每次卓漢一接到寄來的新書，便很緊張的要先翻翻〈通鑑廣場〉，看看他好不容易才找到的錯字，是不是也被別人找着了？然後再看看是否有自己遺漏的錯字？柏楊聽了這番描述，不禁開心的笑了。對卓漢認眞的態度，及從小就能養成歷史與地圖參照着看的習慣，感到十分欣慰。史地並看的習慣，在一般人來說，可能還是個奇異的舉動，但這卻是全盤理解歷史所必需下的功夫，因爲歷史絕不可能只有時間的指標，而獨缺空間的舞台。

在互道珍重的同時，卓漢的爸媽表示要帶他們姐弟到附近的書店買書。隨着他們脚步漸遠，先前林明德教授在席間的一番話，引起無限思量：「我們對孩子教育的目標，一直是只冀望他們能活活潑潑、健健康康的生活着，正正當當的做人，在各方面都能平衡發展，潛能也能達到完全發揮的境地，這樣我們就覺得很滿足了。當然，我們做父母的，也會儘量做到，不在他們的心靈上施加壓力。我一直鼓勵他們在生活中要多思考、多讀書。一旦他們在思考、摸索的過程中，遭遇到困難，我們也一定會給予全心的支持跟協助。」這段話無異說明了卓漢爲什麼在小小年紀，就超越同齡的朋友，閱讀起這部連大人都要忙着說不懂的大書。而且可以很肯定的說，在卓漢的心裡，爸媽就是他最好的發動力！

沒有能力改正錯誤的人是懦夫

——一九八七・五・香港〈星報月刊〉

張惠珍

今年(一九八七)三月一日，中共的官方報紙〈光明日報〉，轉載了香港〈明報〉的一篇特稿：〈中國人醜陋嗎？——就教於柏楊先生〉，並且在其社論中，猛烈地批判〈醜陋的中國人〉一書。文章中認爲柏楊的觀點，嚴重地傷害了中國青年的自尊心與自信心，並且詆譭中國的傳統文化。這個事件，其實暴露了海峽兩岸的民主自由的開放程度，本刊編輯特別就此專訪柏楊，談談他個人的觀感。

據瞭解，中共近四十年來，很少批判過海外華人作家，除了四十年前的胡適外，就是柏楊了。他們很少批評，一方面是因爲自身難保，傷痕文學的作者，就夠中共當局窮於應付了，何況其他；另一方面，柏楊一直以敢言著稱，過去並曾因爲批評國民黨而入獄九年，照理應該是中共統戰的對象，那麼這次的事件，到底寓意何在？

事實一：廣州花城出版社去年（一九八六）以「內部發行」名義，翻印了台灣和香港同時出版的〈醜陋的中國人〉一書。「內部」也者，猶如電影的「限制級」。可是，不限則已，一限則萬人爭睹，在出版業不景氣的當時，第一版二十萬冊，竟然在短短十天內售完，黑市哄抬價格有之，私自油印出版者有之，據保守的估計，至少發行了一百萬冊，掀起了一股「柏楊熱」。

事實二：去年（一九八六）年底席捲中國大陸十八個省市的大學潮，事實上也就是一次「反醬缸文化」的運動。學生們在大字報及演講內容中，曾經多次提起「中國國民性」的字眼，以及〈醜陋的中國人〉一書中某些內容。中共主管官員後來在分析學潮的起因時，便認爲柏楊〈醜陋的中國人〉，是一個潛伏的因素，它激發了中國青年對文化、政治的反省能力，並決心以實際行動，印證這一代的中國人並不醜陋。

事實三：三月一日北京〈光明日報〉發表社論：〈中國人有能力趕超世界先進水平〉，但卻在文章中不點名地把台灣作家柏楊罵了一頓。稍後，另一個同樣爲官方傳聲筒的〈中國新聞社〉，深怕別人誤會，特別點明這篇社論中某一段是針對柏楊而寫。社論中說：「今天，超導技術研究的突破再一次證明，中國人是有志氣、有能力，自立於世界民族之林的。」

文章批評說：「夜郎自大，閉關鎖國曾使我們自食苦果，固然不足取，但是，妄自菲薄，自慚形穢，津津樂道中國人的所謂劣根性，把自己說得一無是處，除了使人們悲觀失望，自暴自棄之外，又能夠給我們帶來什麼呢？」除此之外，社論中還有一段話是針對台灣作家柏楊的觀點而寫的：「有人說，中國人在單獨一個位置上，比如在研究室裏、在考場上，他可以有了不起的發展。但是，三個中國人加在一起，三條龍就變成一條蟲，甚至連蟲都不如。還說，中國人的『窩裏鬥』，是中國人的劣根性。但是，這次超導研究突破性成果的取得，恰恰是我國科技人員團結協作的結果。……正如物理所的同志說，我們爭得的是集體冠軍！」

這就是中共方面批判柏楊的主要內容。三件事實，讓中共當局哇哇大叫、雞飛狗跳，於是這本風行一時的書，也就因此被中共不明文地列爲「禁止印行」之列。

沒看過柏楊的人，如果只憑文字猜測，總不免認爲這個人下筆潑辣，針砭時弊毫不留情，必然氣勢迫人。但在這次的訪談中，卻留給我們一個深刻的印象，那就是「君子坦蕩蕩」，再沒有別人，比他更適合這句話。

不矯飾，不虛僞，幽默而富哲理，感情充沛而理智，是柏楊的氣質；對中國文化知之深，痛之切，能將中國人的劣根性翻了底，下筆不惜觸犯「天條」，說起話來肆無忌憚，則是他的特色。

今年（一九八七）三月七日，柏楊夫婦應香港電台，及〈星島日報〉的邀請，專程到香港擔任第三屈「開卷有益」獎的特別來賓，下了飛機，他才知道自己成爲大陸的「批判活靶」。對此，他感到「非常難過、遺憾」，並且「大出意料之外」。

當我們這次在台北花園新城重新提起這件事情時，他仍然頗爲激動。柏楊說：「我們爲什麼不能把研究的問題，集中在一個焦點上，讓人們了解、注意，然後謀求改進呢？因爲錯誤而受不了批評，那就太可怕！」停了一下，接着說：

「正如弟妹們成績有五科不合格，身爲兄長的當然要提醒，把事實說出來，並沒有醜化的意思。假如我說錯，你可以指正，但如果反說我醜化，而繼續躲避問題，那麼成績仍然是五科不及格，不會有進步。」

對於〈光明日報〉轉載〈明報月刊〉的文章：〈中國人醜陋嗎？——就教於柏楊先生〉，柏楊認爲這篇文章就像許多批評〈醜陋的中國人〉文章一樣，都是一個模式，迴避了中國人確有『髒、吵、亂、窩裏鬥』的劣根性，整篇文章並沒有批評到中心點，並沒有證明中國人並不髒、並不吵、並不亂、並不窩裏鬥，因此文章作者就如一般在醬缸裏泡久的人一樣——死不認錯。」

柏楊在反駁這篇文章時，就仿效那些死不認錯的人的口吻，說了一番寓意深長的話（取材是編輯看到校對校漏了幾個錯字，以下是校對說的話）：「哪個校對沒有錯？張三去年八月十三日有六個錯字沒有校出來，你分明是針對我，你不說誰知道呢？我昨天、前天，一個錯字都沒有，你怎麼不說？分明是我上個月不借你五百塊錢，你心裏恨我。我家八代都當校對，從來沒有漏過一個錯字，我怎麼會有錯？你不講沒有人知道，你一講大家都知道了，使我沒有自尊，我活不下去了！你再說，爲了維持人格的尊嚴，我白刀子進，紅刀子出！」

當然這番話矛盾重重，但卻是聲大氣粗。柏楊笑說：「老天！我何必要先讚美你一番，才能提出批評？」「死不認錯就只有永遠自卑，沒有勇氣認錯改過，就是懦夫。」

對於舉例說明，柏楊眞的高人一等。他的譬喩生動而自然，觀察力極其敏銳，所以有人說看他的文章心裏不舒服，但卻能深刻體會他「愛之深，責之切」的肺腑之言。

在這次的訪談中，柏楊首先表示政治問題隨時在變，形勢也在變，多說無益。基本上，他是一個「文化人」，不喜歡談論政治問題。

多年來，從他的書中可以了解到，柏楊對中國人的劣根性深惡痛絕，中國眞正的危機不是政治，而是文化。就像螃蟹一樣，你把牠怎麼擺，拿棍子敲也好，拿火燒也好，餵牠肉也好，牠還是横着走，除非改變牠的基因，改變牠的內分泌！

下面的問答，就是柏楊對中國的歷史文化，對民主政治的一些觀感。

問：你是從什麼時候開始對中國文化有所反省？

答：寫雜文的時候。但眞正徹底領悟到文化是一切問題的根本，卻是坐牢那一段日子。我常想我們的文化缺少「民主」這種最高的思想指導原則，所以會永遠打打殺殺，走不出一條路來。

我坐牢表面看起來是政治問題，但其實是文化問題，就像水泥攪拌器裏的小石子，身不由己。所以我希望從今以後，再也沒有人因爲政治原因而坐牢。

問：批評你的人說，你把中國人今日的劣行，全部歸咎於五千年的傳統文化，是個誇張的說法，對這個批評，你有什麼看法？

答：中國人老愛說自己是個愛好和平的民族，這根據了什麼？不看歷史，就信口雌黃。你打錯電話看看，或問問路看看，中國人恐怕是實際上並不友善。

對此，柏楊舉出兩個例子，一則發生在台北，一則發生在北京，證明在中國，人與人之間的對抗情結。

台北的是：日前有一位歸國華僑帶着她的小女兒回國探親，她想趁這段假期，讓女兒讀一個月的中文，就帶女兒到××國小。到了學校，她問人校長室在那裏，卻沒有人回答她，只是一味反回她：「妳找校長做什麼？」最後，好不容易才有人回答她：「這件事妳最好不要找校長，最好找教務主任。」於是她到了教務處，滿屋子的人，她問了半天，卻沒有人願意告訴她誰是教務主任。這個時候走過來一位註冊組長，態度之傲慢，不可一世，他說：「妳想讀書是不是？到教育局要公函！」

得到這個答覆，歸國華僑如釋重負，打道回府。回到家後，她把這件事情告訴媽媽，剛好她母親是國小校長退休，就告訴她：「學校歡迎都來不及，要什麼公函！」於是一通電話打到校長室，校長滿口應充。

第二天她就到××國小辦手續，又遇到昨天那位註冊組長，她問組長：「既然可以讀，你爲什麼叫我到教育局要公函？」此公回話之絕，連能讓死人復活的台灣編劇都比不上，他說：「因爲教育局根本不會給你公函！」華僑女士一聽火了，大聲地問：「你明知教育局根本不會給我公函，爲什麼還要叫我去拿？」此公慢條斯理地回答：「我是要你死了這條心！」

另外在北京，有人在火車站問路，他想到廣州去，不曉得哪一個窗口賣票。人山人海，他問了幾個人，都回答他：「我不知道！那麼多人你隨便問好了！」

好不容易問到一個警察，警察說：「你要到廣州是不是？」他說：「是！是！」「你要買到廣州的票是不是？」「是！是！」「你不知道地點是不是？」「是！是！」然後警察說：「那你多問問其他人就知道了！」後來又一個警察走過來，他不死心又問了一次，警察沒好氣地回他：「我在這兒站崗！是維持秩序的！如果每一個人都來問我，我不是累死了！」

中國人這麼不友善，以折磨別的人爲樂，眞的傷透了柏楊的心。爲此有人說柏楊文章煽情，他毫不含糊地回答：「煽情與否界線很難劃定，問題是我寫得對不對，而不在於煽情不煽情。」

問：因爲中共、台灣的制度不同，是不是醜陋的程度不相同？

答：對！確實不同。醜陋的程度越嚴重，就表示這個社會越腐敗、越黑暗、越專制。特別在大陸，毛澤東最得意的一件事，就是「引蛇出洞」。當初他向人民保證「言者無罪」，結果成千上萬的知識份子，就因爲相信他的保證而成了「右派」，但他毫無內疚，反而洋洋自得，結果敗壞大陸人民的品質，再也沒有人要說眞話。人民生活在互相欺騙之中，而且以此爲榮。

問：那你認爲大陸這次的學潮，代表了什麼意義？

答：我想這次的學生運動，實際上是一次反醬缸運動，它刺激中國青年對自己的文化作深切的反省，而不認爲一味地掩飾錯誤，就是沒有錯誤。年輕人的感覺是最敏銳的，腦子還沒有完全醬死，有能力進行反醬缸運動。

問：你曾經說過，中國民族缺乏愛心，但你卻毫不留情地揭露中國人的醜陋，這是愛心嗎？

答：一個責備弟弟五科不及格的兄長，是最有愛心的兄長。世界上，口頭愛國最厲害的就是中國人，海峽兩岸的人都拚命想出國，出國以後千方百計不回來，這種情形在大陸更厲害。我常常說：再不要愛國了，再這樣愛下去國家就完蛋了，因爲幾乎每一個人都是用害這個國家的辦法，來愛這個國家。

問：舉個例子？

答：愛國要用適當的方法才行！你隨地吐痰，到處表現得髒、亂、吵，日夜都在對中國同胞窩裏鬥，然後，爲了表演表態，就跑到台上去喊愛國。所以我說，只要你不替國家丟人，不傷害這個國家，你就是在愛國了。

問：那你覺得應該用那一個字眼來代替「愛國」？

答：我覺得可以用「愛自己」來代替，最高的道德和最高的利益，應該是結合爲一的，看古書，你常常會感覺要做一個善良的人，是多麼的痛苦！就像中國人講孝道，要犧牲青春、犧牲生命，其實這是不對的，那誰敢孝順呢？第二次世界大戰時，美國飛行員駕駛B—二九去轟炸日本，他說：「我去的時候是爲了山姆大叔，但回來卻是爲自己，我得趕緊逃命！」這是實話！義與利應該是並存的。

問：聽說你這次在香港，丢了一個燙手山芋給中共，談談這件事情？

答：前一陣子有人談起我在大陸的稿費，他們說大概每本有一千多元美金。不過這也只是猜測之詞，反正說了也不必負責——三、四十本合起來大概有四、五萬元美金。以前是中共把燙手山芋抛給我們，搞得台灣作家昏頭脹腦，想領也不是，不領也不是，現在我把它抛回去，我願意正式具名領取大陸的稿費，在北京成立一個基金會，用這筆錢來幫助大陸的青年作家，作爲鼓勵創作或出版之用。

問：但怎麼領？去北京嗎？

答：那當然不行。但我可以寫個收據，委託香港義務團體或律師出面，尋求一個可行的辦法，只要中共願意承諾這筆錢按照我的意思去用，我就願意具條去領，這對大陸年輕作家來說也有好處嘛！不過有人說大陸的胸襟還沒有大到能接受「柏楊文學獎金」的地步（大笑），那沒有關係，可以隨便定個別的名字。

問：對呀！這對他們來說是一個很大的侮辱。你這個計畫是不是已經正式向外界宣布？

答：沒有，只是我一個構想，不過香港的報紙，大多提起過這件事，除非他們裝作不知道。

問：這很有意思。但是台灣這邊會不會有什麼意見？

答：如果有，我可以承當，坐牢沒關係，那是我的事情，問題是大陸敢不敢答應！

問：你曾經因爲文字獲罪，入獄九年，這有沒有改變你的人生觀？

答：我不覺得自己有什麼改變，還是很熱愛這個社會的。我雖然失去自由，但卻沒有失去意志，出獄後，張香華不嫌棄我穿過囚衣，而嫁給我，給我很大的鼓勵，另外朋友、讀者，也給我很大的鼓勵。

問：那你覺得中國還有沒有希望？

答：中國當然有希望，否則我爲什麼花那麼多唇舌去講呢？

問：所以你覺得台灣近年來算是比較進步？

答：不只「算是」，而是確確實實地在進步。

問：那對民主的理解呢？

答：理解可能程度不夠，但至少知道它是好的。洋人接受這種觀念其實也不容易，所以中國之不容易，並不表示我們沒有這個能力，反而表示我們在不斷進步之中。

問：那你覺得台灣和大陸對民主的理解與實行，有什麼不一樣？

答：我覺得台灣已經開始有反省錯誤的能力，例證之一就是沒有查禁〈醜陋的中國人〉，這就反映大陸的反省能力比台灣低，起碼還要二、三十年，大陸才可能趕得上台灣。

不過台灣和大陸進步的性質是不一樣的，台灣的進步是由人民爭取而來的，可以穩定成長；大陸的進步卻是由共產黨賜給人民的，隨時可以收回，也隨時可以放鬆。所以如果說，現在正在進行的反資產階級自由化運動，是大陸的「北京之冬」，那麼眞正邁向民主的，則是「台北之春」。

問：對即將開放的黨禁和報禁，你有什麼看法？

答：台灣近年來的開放和轉變，是中國歷史上非常重要的發展和突破，因爲在中國政治文化的思想裏面，始終少了一個最高的民主指導原則，現在台灣具備了這種民主政治的條件，可以說是五千年來，最具有希望的。對一黨專政的國民黨政府而言，這是出乎意料和可喜的事情。

問：談談你對民進黨的看法？

答：民進黨可以說是中國歷史上，比較正式的反對黨，這也是台灣走向民主法治的新起點。雖然民進黨剛具雛形，有點亂糟糟，但它只是個起步，應該讓它慢慢成長。一個政黨的開始，就像一個剛出生的小孩，又髒又臭，但十八年後就是一個漂亮的大姑娘。如果只憑初期的情況就下定論，是蠻危險的。

不過，我的意思也不是說民進黨就可以妄自尊大，如果它照樣做不好，仍可以由別的反對黨來代替它。

而在另一方面，我們也應該給國民黨一個公正的評價。對於台灣的逐漸開放，有些民進黨人認爲這是因爲外在壓力迫使國民黨不得不讓步。這話雖然不錯，但問題是它在緊要關頭能夠讓步，能看出危機，這就是它的智慧。讓步是一種能力，有太多人連這個能力都沒有，不是不願意讓，就是一讓就垮了，所以從這個角度來看，國民黨還是蠻強的。

在訪問的四、五個小時過程中，雖然編者可以感覺柏楊的語調仍然鏗鏘有力，他對整個國家民族的關愛，仍然不時在眼底閃爍，但他忍受眼疾，伏案著述的苦心造詣，有多少人能體會？他長年本着道德良心，爲中國文化屢進忠言的血肉之軀，又能負載多少風雨飄搖的歲月？

記得有一次出版社來拿稿，柏楊與他談着談着，就在客人面前睡着了，難怪當編者問及他未來的寫作計劃時，他回答：「再三年半完成《資治通鑑》之後，我就要好好的睡一覺，睡夠了，精神養足了，再能動手寫一部回憶錄或自傳，把我這一生半個多世紀的經驗寫出來。」

香港方面的報紙曾說：「國民黨關他，共產黨罵他，兩岸都不討好。」事實上我們知道，「反對」和「反叛」之間相差十萬八千里，「不滿」與「不忠」也是兩回事，我愛你並不等於不能反對你，柏楊對此不無感慨。所以他大聲疾呼：「專門談優點是救不了自己的，只有認淸自己的缺點，才能自救！」

說實話的人沒有錯，要緊的是社會要有接受實話的雅量，柏楊他爲國家民族立下一個說實話的榜樣，在人人被醬得一場糊塗的當兒，他努力地跳出這個醬缸。

醬缸内的文化

Margaret Scott／著
謝秩祿／譯

——一九八七・一〇・四・台北〈自由日報〉

「做中國人眞痛苦。」柏楊說。

這位在台灣令國民黨頭痛，在大陸也受到嚴厲批判的特立獨行作家，現在連香港政府也提防他了。

「八月份我又去了一趟香港，這一次我受到警告，爲我的保證人着想，我只好閉嘴當個純觀光客了。」柏楊接受本刊編輯電話詢問時說。

柏楊說，答應避免新聞記者及電視訪問，是他最近香港之行必須付出的代價。這位來自台灣的作家，以其不妥協及博學著稱。

今年（一九八七）稍早，要柏楊閉嘴的，卻是大陸的共產黨官員，這位作家的書〈醜陋的中國人〉被禁，儘管在全中國大陸的校園內這本書的地下版本極受珍愛。從前，在台灣的國民黨政府一度確曾阻止他發言，並且以共黨間諜的罪名，關他九年，大部份時間他被關在台灣東岸一個小島的囚室。

在台北，在北京，而現在似乎連香港也如此，這位作家成名之後，謗亦隨之。柏楊本名郭衣洞，今年六十八歲，對於似乎在各地政府引起的惡名及憤怒，「做中國人眞痛苦」是他的解釋。他在〈醜陋的中國人〉一書以此為標題的文章中說：「我發現不論在台灣或中國大陸，像我這種人，上天注定的要坐牢，但是，講眞話何以導致這麼不幸的結果？我的答案是，這並非任何特定個人的問題，而是中國文化整個的問題。」

柏楊自任為中國文化的批評行家，遂招來議論，有時也許顯得輕率。一言以蔽之，他認為中國文化的根本問題在於缺乏民主的傳統。因此，它醜惡、脆弱，並被獨裁者、暴君，以及偶爾被狂亂的暴民所苦。他稱之為醬缸文化，並在其〈醜陋的中國人〉書中幽默的描繪這些特性。這是一本糅合歷史、政治評論及軼事的書。

然而，從他在台北郊區小山的住宅，他也注意台灣的政治發展，從八月的解嚴，到國民黨忌恨但又非正式承認的民進黨，或許他關於中國文化的格言需要增補。

柏楊說，他在火燒島獄中得到結論，國民黨與共產黨一個模樣，這導致他尋求文化解釋，並且深信民主，或者缺少民主是關鍵。

但是，國民黨最近呈現了新面貌，柏楊指出，台灣正致力成爲中國人首次有眞正反對黨及代議政府結構的地方。由於這些關於民主與自由化、台灣政治改革等談論，柏楊已被視爲可信賴的代理人，能解讀事件意義的智者。柏楊的作品使許多推進改革的人想法具體化，而他的預感常被看成未來可能性與限制的指南。

曾是反政府刊物最有影響力的〈八十年代雜誌〉總編輯江春男說：「因爲我們都讀柏楊的著作，我們瞭解台灣目前發生的有新義，我們正促進眞正的民主、眞正的反對黨及兩黨政治。」江目前是〈新新聞〉週刊的發行人，「如果成爲事實，這將是中國歷史上第一次，包括所有有中國人的地方——大陸、香港、新加坡——從未做到這些。」

柏楊認爲，今後數年台灣所進行的將是脆弱的實驗，他一方面同意江春男的看法，台灣或可打破中國歷史的模式，以准許兩黨以上的存在、並成立眞正的代議形式政府，台灣或能免於他在〈醜陋的中國人〉所描繪的老套傳統。

不過，這項偉大的實驗也可能化爲泡影。柏楊相信，國民黨的改革不僅不夠徹底，也來得太晚。他指出，國民黨的行動，只是延長其權力。他說：「國民黨從大陸來，並從台灣人手中取得政治控制。現在放鬆政治控制，所有積壓的憎惡及仇恨，可能爆發。」那時候，原可能成爲中國民主孵化器的實驗，將解體爲構成佔人口百分之八十五的台灣人與大陸人之爭。

他指出：「衝突一旦發生，蹲在前門的猛獸（大陸）就找到了介入的好藉口，民主就別提了！」

柏楊過去三年致力翻譯〈資治通鑑〉，翻譯〈資治通鑑〉只是柏楊做爲業餘歷史學者的最近舉動，他總共出版五十多本書，其中許多是歷史，包括在獄中寫成的著名的〈中國人史綱〉。中國史書需要突破及新典範。柏楊從歷史的蒐尋中得到結論，中國缺少三種重要成份：民主、人權，和平等的信念。他說：「中國歷史有如一輛繞着原地打轉的車子。西方的歷史早期也如一輛車子，但在前進的路途中產生製造飛機的成份，然後它起飛，達到中國所不能達到的高度。」

從相反脈絡去追尋，柏楊把這些歸咎於孔子的儒家。「在他死後的二千五百年間，中國的文化人不過在孔子及其門徒提出的封建、僵化的理論和註解中……，文化的心智陷在知識停滯的池塘，亦即中國文化的醬缸底層。」

柏楊在把中國歷史描寫成一個長期無情而令人失望的過程，不無落寞的民族主義語氣。〈醜陋的中國人〉的中心問題是：「這個偉大的民族何以墮落到這種醜陋的地步？我們不僅被異族所欺凌，幾世紀以來，還被同胞所凌辱——從暴君、苛吏到暴民。」

這些觀點，柏楊與專志於民主思想的中國思想家有若合符節之處。從被視爲五四運動的精神教父康有爲與梁啓超以降，即有一派思想認爲最大多數人的政治參與，是中國現代化的關鍵，只有中國民主，才不會落後，也才會強大，進而主導世界。不過，民主的眞義爲何，卻總不明確。

自康有爲的時代以來，鼓吹民主常糾雜着民族主義的情緒。民主是中國強大的同義字，逐漸地，民主也成爲批評台灣與大陸政府的話題。

以魏京生及其同僚一九七八年北京民主牆的大字報爲例，他們以民主的概念向「黨總是代表被統治者最佳利益」的教條挑戰。同樣地，民主也久爲台灣黨外鬆散聯盟的加油口號。民主是甚少被界定的字眼之一。大陸的政府聲稱自己民主，台灣的政府也這麼說，雙方都有選擇。柏楊寫道：「中國式的民主是：你是民，我是主。」就因爲批評政府缺乏民主，和政府的說辭相反，柏楊指出，這導致他入獄。

柏楊一九二〇年生於河南開封，他的民族主義使他反共，並在十八歲加入國民黨。共產黨佔據大陸時，他逃到台灣。

一九五〇年代，柏楊開始從事新聞工作，不久即發現對於雜文的興趣，這是魯迅（一八八一—一九三六）寫出名的文體，他常拿自己與魯迅相比。後來他有一個每天刊載的專欄，常批評警察、國民黨內的貪污及濫權。

柏楊有各種反共的豐富經歷，以爲這可以保護他。然而，一九六八年三月他被捕。據柏楊說，這是由於他翻譯美國漫畫「卜派」（大力水手）。在冒犯當局的漫畫中，這名吃菠菜的水手與兒子孤處荒島，卜派宣佈他要競選總統，舉行民主選舉，並禁止任何人投票給兒子。蔣介石據說大爲震怒，認爲漫畫意在諷刺他。

柏楊被控參與共黨陰謀，他說他被刑求，一隻脚自膝蓋以下折斷，並屈打成招，寫了一份詳盡而編造的自白書，後來成爲受審及被控爲共產黨員定罪的證據。他原來的十二年徒刑被判爲八年，但在服刑九年之後才獲釋。上月解嚴後，他提出新台幣一千萬元損害賠償的訴訟，期爲被非法監禁一年造成的損害討回公道。

他於一九七七年被釋後即斷斷續續有寫〈醜陋的中國人〉的念頭，但直到一九八四年在美國演說後他才把記錄發表。在香港〈百姓〉半月刊登出後，即造成轟動。文章在大陸知識份子及學生之間流傳，被翻成英文，最後並在台灣出書，已賣了十二萬本。

去年（一九八六），北京一家出版社決定出版〈醜陋的中國人〉。今年（一九八七）初反資產階級自由化運動開始，出版計畫泡湯，書被查禁，而柏楊被有影響力的〈光明日報〉以「侮辱中國人民」受到批判。

然後是今年（一九八七）三月，大約他在大陸被批判之際，柏楊訪問香港，各報大幅報導他批評大陸的新聞。

八月，他再申請訪問香港，他被告知做爲保證人的一名香港居民必須簽署一封信，向香港移民部門保證柏楊絕不「從事任何足以引起女皇陛下政府困擾的活動」，這是首次有這樣的信。此外，柏楊說，他在香港的保證人被移民部門官員要求提供口頭承諾，保證柏楊不接受訪問。

香港一名不願公佈姓名的官員說，這種信在核發入境許可給與台灣政府有關或知名人物時爲例行公事，這是由於英國政府不承認台灣。

這名官員說，這種信可以向台灣居民要求，但是香港政府對於只來觀光者不做此規定。然而，這名官員否認保證人被要求承認柏楊不向記者談話的事。這種要求可能來自政府顧問辦公室，但是並無這樣的記錄。

記者離開台北前，柏楊說，他所知道的均由保證人告訴他：「我得到訊息，在香港期間我將閉嘴。」

——（譯自一九八七年九月三日《遠東經濟評論》）

一個作家觸怒兩個中國

Nicholas D. Kristof／著
姚安莉／譯

——一九八七・一一・二三・台北（自立晚報）

在台灣，柏楊是一位架着眼鏡，舉止溫文的學者，他只是在他的小書房裏的筆記本上，塗塗抹抹寫下中國人的性格，他似乎還不知道他已激怒了華語世界所有的華人。

一度，台灣國民黨政府當局曾給柏楊扣上共產黨的罪名，把他囚禁在獄中九年，而今年（一九八七），中國大陸的中共政權，卻查禁他的書，宣告他的罪是侮辱中國人民。然而在美國的唐人街、香港，甚至東南亞，柏楊尖刻的筆鋒，固給自己招致抨擊，同時也博得讚譽。

柏楊是中國的伏爾泰，是一位產量豐富、眼光銳利、下過功夫研究的社會評論家。今年六十八歲，身材壯碩，戴了一副深度眼鏡，在他一條腿的膝下有個凸出的腫塊，那是在審訊逼供時敲斷了他的腿給留下的。目前，他以對中國人與中國文化嚴厲的批評聲名卓著。

將近三年前，柏楊在〈醜陋的中國人〉一書中，發表過一篇引人注目的文章，他說：「中國人的卑劣程度，越來越嚴重。」柏楊認爲中國人太順從、太喧嘩、太粗魯、太殘酷無情，而最糟的是，對不合乎正義的事，太寬大包容。

「怎麼可能這麼一個偉大的民族、偉大的國家，會墮落到這麼醜陋的地步？」柏楊在同一篇文章裏說：「我們不僅只受外侮的侵略，更糟的是，幾世紀以來，我們還遭到自己人的凌虐，從歷代的暴君、暴官，到殘忍無情的暴民。」

像這樣尖刻的諷刺，使柏楊獲得了廣大的讀者羣，柏楊說，在台灣〈醜〉書已賣出十二萬册。而去年（一九八六）北京對大陸的智識界展開全面的整風，同時查禁柏楊這本書之前，至少在大陸上出版了五個不同的版本。英文的翻譯有兩種，而在香港、洛杉磯、紐約，及其他美國城市中，中文的期刊、雜誌上，也紛紛轉載。

紐約市市立大學亞洲研究系系主任唐德剛說：「柏楊不僅名聞於台灣海峽兩岸，亦知名於美國及東南亞，我認爲他是當今中國文壇最具影響力的作家。」

一位香港編輯及專欄作家戴天先生，也曾說柏楊獨特之處，是在於他對中國文化的批判。戴先生說：「傳統中國作家卻總是對自己的民族文化稱頌。」

柏楊先生剛完成了另一部著作：〈中國人，你受了什麼詛咒！〉將於十月中出版，此書的主題是〈醜陋的中國人〉的延續。此書的主題文章則於九月份在香港及洛杉磯發表，引起了廣大的注意。文章的重點在於強調爲什麼柏楊要一再提醒中國人的缺點的原因。他相信只有當中國人能正視自己的醜陋時，才能掙脫及修正缺點。

這篇文章是歷史與小說的融合體，以一個在一千兩百年前被一位中國將軍殘酷無情毀掉的城鎮的故事爲名——〈塔什干屠城〉。當這位將軍與他的兵士在城中屠殺無辜時，塔什干城的皇后對所有的中國人詛咒：中國人的盛世將結束，而變得薄弱無能、分散，及世世代代都會歷經不斷的悲劇。當將軍問及這些加諸於中國人身上的詛咒什麼時候才會被解除時，皇后回答說：「永遠不會被解除，除非中國人醒悟到自己受到詛咒。」

在台北市郊柏楊寬敞的客廳裏，主人輕啜着清茶，邊解釋着：「我希望讓我們中國人能深思爲什麼我們如此軟弱，我們必須醒來面對曾被詛咒的事實。」

若說他的筆鋒大膽，容易引起爭議，而當與他交談時，感覺則截然不同，他十分沉靜，由他的書房能俯視台北郊外的青山，書桌上堆滿了書籍、稿紙及未完成的文章。書房的四周全是塞滿了書的書架，其中包括近五十五册他的作品，包括小說、雜文及歷史著作。書架上也陳列着他的妻子——張香華的詩集。

這位以筆名柏楊名聞遐邇的作家，本名是郭衣洞，生於大陸河南開封。一九四九年來到台灣，五十年代寫過不少反共小說。

六十年代他開始批評政府，而於一九六八年以共產黨間諜的罪名被捕入獄。檢察官要求判其死刑，最後他在坐牢九年零二十六天後被釋放。

柏楊在他的獄中詩稿裏曾寫着，「在獄中度一日如度千年。」在獄中他也完成了幾本歷史著作。

柏楊認爲中國文化是淵源於儒家，再外加上殘酷無情與偏狹，使得海峽兩岸的中國人都痛苦。他承認現在正在改變，但速度太慢。

在〈醜陋的中國人〉中，他寫着：「我發現老天爺注定要我這樣的人坐牢，不論是在台灣或在中國大陸。」他又說：「爲什麼說實話會遭到如此的不幸？我的答案是這並不是個人的問題，而是整個中國文化的問題。」

——〈譯自一九八八・一〇・七・紐約〈紐約時報〉〉

一個父親的呼喚

吳淡如

——一九八八・二・五・台北〈自由時報〉

我想你必然不知道，柏楊，這個一語道破醬缸文化，隻筆對抗官僚政治黑暗面，鐵錚錚的漢子，談起如今遠在天涯的女兒，談起二十年來父女之間的心結糾葛時，卻是一個涕淚縱橫的父親，娓娓敘述這一段因黑獄隔阻的親情……。

故事，要從二十多年前說起。

當時柏楊的小女兒佳佳，是個受盡寵愛的小公主，媽媽在中國廣播公司上班，爸爸在〈自立晚報〉做事。因爲爸爸在家的時間比較長，所以她大半的生活瑣事都由爸爸料理。佳佳從小依賴性大，到了八歲，還要人家餵飯才肯吃。

爸爸有多愛佳佳呢？

在佳佳很小的時候，女傭有一次粗心地讓佳佳坐在石板地上，爸爸看見了，就生氣地辭退女傭。

爸爸學會開車時，興匆匆地帶佳佳出去兜風，自己卻流了一身冷汗：因爲佳佳就坐在旁邊，他害怕因爲一時疏忽，碰傷了寶貝女兒的一根頭髮。

不管佳佳做了什麼事，他從來沒有大聲責備過，不要佳佳受到任何驚嚇。

他擔心她吃不吃得下飯，睡覺睡得好不好，每天接她放學，只要有一個小時不知道孩子的動靜都會提心吊膽，是個非常神經質的爸爸。

從佳佳生下來以後，他全部的愛都傾注在她身上，發誓永遠不離開她，要親手撫養她長大成人。佳佳也一直纏着爸爸，離不開爸爸。

可是，這樣親親密密的日子並不長。一九六八年三月七日晚上，佳佳跟幾個小朋友在家裡看新買的電視機，調查局人員到家裡逮捕柏楊。有一個人跟佳佳說「再見！」佳佳還對着他「嘻——」了一聲。

那是柏楊在自由世界裡最後聽到的兒童聲音。他鍾愛的小女兒並不懂得，爸爸此後不能在她身旁呵護她。爸爸被送到黑獄裡去，迢隔關山，連捎封信都很困難。

一夕之間，佳佳被迫要懂事，要面對沒有父親的沉重成長過程。

「入冬後雨不停，刑傷又發，骨節痛楚。」

「……用不着這麼栽贓，把人綑起來之後，再施痛打。……囚室沉冤，呼天無力。」

這是柏楊寫給梁上元的信，透露他被刑求，屈打成招的情形，這些並沒有在信中告訴佳佳。

儘管法律上對偵查期間有嚴格的限制，柏楊被囚禁了一年半後，才開始開庭審判。

「坐牢以後才知道，執法者本身不守法，縱有千言萬語，也無處投訴。」柏楊說。

開庭時，他才又看見了佳佳。佳佳長高了、長胖了，變得完全不一樣了。父女在法庭相遇，眞是驚心而愴然。

「以後不要帶她來看我。」一入了黑牢的柏楊這樣吩咐着。一個心情懊喪、枯坐在暗無天日的牢房的父親，怎麼會不想見見自己的乖女兒，聽她甜甜蜜蜜地喚一聲「爸爸」？可是，他這個被當成「匪諜」處理的父親，卻怕女兒幼小的心靈受到傷害，也怕女兒看見父親這狼狽的樣子，他只想到要保護她，讓她儘量不受影響，健康地成長。

然而這一入獄，便是近十年的光陰。佳佳最需要父親的時候沒有父親，柏楊最需要心靈安慰的時候，沒有了妻子。不到一年的時間，另外一位男主人踏進了佳佳和媽媽的家園，佳佳多了一個uncle。

「我坐牢兩年，便和前妻辦妥離婚，她提出要求，我便從牢房裡寄出離婚協議書給她。記得有一次她來看我，接見時，卻一語不發。其實那時候的我多麼期待一句溫暖的話，即使是假的也好，可是我們倆人卻默默坐着，好像兩個敵人在那裏互相對抗。後來監獄官說：『既然不說話，妳回去好了。』她站起來轉身就走。我說：『我知道妳很能幹，我的事情都靠妳了。』她馬上回我一句話：『我不能幹，你的事情我沒辦法。』

「第二天，我就接到她的信，信上說：『離婚手續我辦了，你的東西要交給誰？』我回信道：『我在台灣無親無友，授權給妳，把東西統統丟到馬路上。』以後，我們就沒有再通信。」

柏楊至今仍有無限感慨，但也無限寬容：

「其實，我想她也是不得已的。當時我以『匪諜』的名義被捕，她又在中廣那樣和國民黨相關的公司做事，不和我劃清界線，恐怕會被迫辭職，生活就沒有着落，處境十分困難。」

父親受誣入獄，父母離婚，一位男主人走進家庭，又不是自己的父親，佳佳的成長環境變得十分尷尬，給爸爸的信中絕少提及媽媽的近況。這樣的生活，覆蓋了難以解脫的陰影。她當時的年紀實在太小了，沒有法子用平衡的心理，處理這種糾葛的感情。加上母親似乎為了在孩子面前維護形象，造成她與父親間的鴻溝。也使佳佳用否定的眼光仇視週遭的人，她變得敏感而倔強、矛盾而早熟。一直到一九七七年四月，柏楊出獄後，他才眞正體會到：一場莫名的牢獄之災不只影響自己，也影響了下一代的成長與未來！

九年前還在爸爸身上爬來爬去的佳佳，已經不是天天跟爸爸撒嬌的小女孩，她甚至不知道怎麼去愛自己的父親……。

柏楊一九六八年三月七日入獄，原判刑十二年，一九七六年獲減刑，改刑期爲八年。當時，柏楊心想自己不久後就可以出獄了。團聚在即，既悲又喜，寫信給佳佳，附了一首〈寄女〉詩，回憶入獄前父母共同生活的點滴，寫出「兒啼父心碎，兒笑父心喜」的心情。他記憶中的佳佳似乎還逗留在「一路攀父臂，仍作秋千戲」的稚女，結語眞能令天下人神傷：

一去即八載，一思一心戚。
夢中仍呼兒，醒後頻頻起。
而今父將還，兒業亭亭立。
何堪吾家破，孤雛尚存息。
兒已不識父，憐兒淚如雨。

父女八年不見，柏楊惟恐女兒認不出自己，禁不住淚如雨下。然而，就在這個原可以父女重逢之際，噩運的魔掌仍不放過柏楊。柏楊並未如期出獄，反被強制囚禁綠島，軟禁軍營。長年來的等待霎時落空，他面對了一個更不明確的險惡刑期。

直到一九七七年四月一日，柏楊才結束了監禁八年和軟禁一年二十六天的苦難日子。長夜度盡，天明在即，柏楊在獲釋前夕，卻還不敢在信中將消息透露給女兒，惟恐仍是一場空歡喜。

夢想成爲眞實，黑夜結束了，但夢魘仍然徘徊不去，父女之間，從隔離演成對峙，心中的距離更加遙遠。

「出獄後，我發現佳佳的性格全變了，脾氣特別壞。最教我傷心的是，出牢後不久，我和她走在衡陽街上，她吵着要買錶，我說我剛出牢沒有錢，她卻堅持要買，一氣之下自己甩頭走了，把我留在衡陽街的黑夜裡徘徊。我那時眞覺得活着沒有意義。」

佳佳彷彿要他把多年來欠缺的父愛馬上彌補回來。遭逢這樣的變故，她一直對久別的父親有敵意，不能釋懷，不肯坐下來跟父親談心，竟告訴他：「你只養我到八歲！」「不准任何人說我媽媽壞話！」台大法律系剩下一年就畢業了，卻執意到澳洲去讀書、結婚，任憑父親怎樣勸阻都沒有用。

「有人寫信給我，稱我『郭教授』，佳佳看見了，當着我的面嗤之以鼻，哼了一聲：什麼『教授』？他是有意傷我的心。」

父女兩人偏偏一個脾氣，平白多許多紛爭。柏楊提起出獄後女兒的轉變，竟不禁涕淚縱橫。

如今，她遠在澳洲，又是關山遠隔，多年不見。

「這才是我一生中最大的遺憾，最純眞的愛都給了孩子，可是……」

是的，即使在黑獄中，他仍將最純眞的愛涓涓不絕地輸給孩子了。

寫了一半的〈小棉花歷險記〉（柏楊說故事）近日才由漢藝色研出版，記載了一個父親平實的愛。這個故事，敍述一隻焦急尋求女兒「小棉花」的兔爸爸的歷險過程。牠除了要尋找失蹤的小棉花，還要突破二十個難關去德賽山求仙杖，解救被大壞蛋（雙頭蛇）關在廟裡慢慢吃掉的和尙們，應付無惡不作的雙尾狼。兔爸爸自己受難，還不忘助人的態度，就是柏楊要告訴小女兒的：永遠不要失去信心，不要失去對這個世界的關懷，不要失去心中的愛。一切險阻，用勇氣、用眞心的愛，都可以化險爲夷，否極泰來。

動人的故事，便在柏楊給女兒的信中源源寫出。不料不久之後，柏楊寫童話給女兒這件事被監獄當局禁止，他只好黯然停筆。於是〈小棉花歷險記〉不得不有一個「開放式」的結局，留給後來的小朋友或大朋友們發揮想像力。停筆時一九六九年七月二十日，佳佳九歲。

直到佳佳十二歲，才開始和爸爸通信。此後六年間這對父女的書信來往，也收進了〈柏楊在火燒島——寫給女兒的信〉裡。

現實生活中再次面對的女兒，和兒時依偎撒嬌的樣子不同，和通信時那分款款安慰爸爸，敍述生活點滴和升學壓力的女兒也不一樣。事隔多年，這兩本書才出版，看了當時書信的柏楊感覺如何呢？

柏楊說：「人到老年，感慨無限；重看這些書信，還會記得孩子當年的模樣。」

柏楊現在的妻子張香華說，柏楊只要在街上見了八九歲的小女孩，心裡便會起很大的震動，想起當年佳佳的純眞可愛。

想不想把故事繼續說完呢？

「將來有了孫女以後，也許會把故事講完，總要有個孩子當對象。」柏楊說。

儘管〈小棉花歷險記〉是個尚未完成的童話，但是我們可以從中深深體會一個父親的愛和一個作家對人類的關懷。寫這個故事時，柏楊怕女兒不了解它的蘊義，不忘叮嚀她：

佳兒，妳不是一直爲爸爸和我們全家的苦難，祈求禱告聖母瑪麗亞嗎？爸爸再在這裡教妳唸一段〈聖經〉：「妳要盡心盡意愛主，愛妳的神，妳要愛人如己。」這一段〈聖經〉上的話，請媽媽講給妳聽，要做到這一步是不容易的，但我們只要有這種愛，就會慢慢做到，尤其是當別人，無論他是朋友也好，陌生人也好，當他需要我們幫助的時候，我們一定要幫助他。

在漫長的刑期中，在家庭變故的摧折下，柏楊並沒有忘記愛，沒有忘記要「助人」，沒有詛咒這個世界的黑暗與冰冷。他是個眞正的強者。

幾天前，佳佳從澳洲捎信來，簡單一句：「我做女兒的，從未爲爸爸盡一分心力，一分心是在的。」讓柏楊大感震驚：似乎從許久以來，佳佳就沒有說過一句讓爸爸窩心的話。

柏楊將兩册〈柏楊說故事——寫給女兒的小棉花歷險記〉，和〈柏楊在火燒島——寫給女兒的信〉用平郵慢慢寄給女兒，隔海遙寄一個父親的心意。

「當初我看到他們父女衝突時，覺得柏楊是個無能的父親，後來我看到了這些書信，才了解他在文字中對女兒的教誨遠勝於現實。其中的道理，不是一般父母說得出的。他自己有難，還處處強調要愛別人、幫助別人，還汲汲於培養孩子的愛心，着實不容易。」張香華說。

這就是柏楊情操的高貴之處。

我想，這兩本書之所以出版，雖然是公諸於世，但是柏楊心中最期待的讀者，應該還是遠在澳洲的佳佳。

希望她能接受這一份不平凡的父親的心。人間情愛縱然複雜多變，但是一個父親對女兒的關懷，必然溫韌不渝，歷久而彌新。

龍與龍年

——一九八八・三・香港〔九十年代雜誌〕

唐明施

龍很可能就是大蜥蜴，造型兇暴，不可愛，難給人溫暖親切的感覺。

我們都是假龍的傳人，只有溥儀一人才是眞龍的傳人。

中國人可以創造奇蹟，但不能維持奇蹟。吃飽三年飯，臉上就長出個瘤。

龍年希望：習慣於聽自己不願聽的話，欣賞我們不贊成或反對的意見。

一個星期二的下午，我依約來到台北忠孝東路上的總督西餐廳——這是柏老最喜歡和朋友聚會聊天的地方，來和他聊聊他對「龍」的看法，以及他對即將來臨的龍年的感想和展望。

餐廳裏面很溫暖，音樂輕輕地飄着，窗外的陽光斜斜地灑着。柏楊的漂亮詩人太太張香華也在座，兩人正低聲與兩位報社的記者交談。柏楊年初出了兩本新書：〔柏楊在火燒島〕和〔柏楊說故事〕，輯錄了他在綠島時與女兒通信的全部內容，以及在獄中說給女兒聽的充滿成人世界血淚和辛酸的童話故事。兩位記者正就這兩本書和柏楊進行訪問。

我坐在旁邊靜靜聽着。柏楊追述他與唯一的女兒間的關係，如何由坐牢前的親密，轉爲坐牢後的疏離，以至出獄後的無法溝通與種種衝突。繫獄的事實給一個小女孩帶來太大的創傷和負荷，也打散了一個家庭原本濃蜜的感情。柏楊追憶那已經失去了的可愛女孩，說着說着，忍不住用手巾頻頻拭淚，空氣一下子變得沉重。張香華只是坐在一旁靜靜聽着，偶爾替柏楊補充幾句，從她臉上的表情可以看出她對柏楊女兒的關愛，以及期望做好一個後母的心情。

記者走後話題一轉，柏楊很快恢復了他往常的高昂興致，第一句話就皺眉頭來問：「眞不知道中國人爲什麼要用龍來作爲圖騰，牠長得這麼醜。」柏楊說，過去皇帝叫做「眞龍天子」，傳言如果這位眞龍天子做夢夢到自己成了條無尾龍，必定沒有好結局。清朝是以龍作爲國旗標誌的，到底中國自什麼時代開始、爲了什麼原因用龍作爲圖騰，倒是個値得研究的問題。

柏楊認爲龍事實上是個不存在的東西。我們常說畫人難、畫鬼易，因爲沒人眞正見過鬼是什麼樣，所以怎麼畫都成。龍也一樣，它到底是什麼樣，誰也不知道，四腳六腳都行，其實龍很可能，也就是大蜥蜴。說到這裏，柏楊除了豐富多變的表情，連雙手的肢體語言都用上了。他形容龍的樣子是雙眼突出、張牙舞爪、鬍鬚賽龍蝦，不僅造形兇暴不可愛，而且全身佈滿濕淋淋、硬冷冷的麟片，難給人溫暖親切的感覺。

「事實上龍是很笨的動物，」柏楊說，「在記載上可以看出，牠要風雲聚會，靠其他東西來支持，才能飛黃騰達。如果無風無雲，就只能被困在沙灘上。『四郎探母』裏面不是有這麼一句『我好比淺水龍困在沙灘』嗎？龍既然是經常被困的動物，爲什麼要用牠來作爲中華民族的標誌呢？」

柏楊認爲，美國人用山姆叔叔來作代表就很好，讓人有一種可信賴的老朋友的感覺。俄國的北極熊也不錯，雖然北極熊是一個很兇暴的野獸，但牠的外貌線條，卻很可愛，如果從小飼養，性情應該變得溫馴。此外諸如澳洲的無尾熊和袋鼠，有愛孩子的特性，泰國的大象看起來憨憨的，等等，都比龍要來得可親。

「您贊不贊同我們都是龍的傳人？」對於這個問題，柏楊回答得倒也有趣。他說其實嚴格說起來，我們都是假龍的傳人，只有溥儀一個人才是眞龍的傳人，中國的龍代表了政治上最大的權威，「如果我是龍，早就在金鑾殿上吆五喝六了，怎麼會在這裏和你說三扯四？」柏楊開心地說。

既然龍這麼不適合用來代表中華民族，那麼什麼動物才適合呢？柏楊認爲獅子最好，雖然中國的十二生肖當中並沒有獅子，但牠卻是百獸之王，同時獅子體型夠大，外表看來夠威武，威武之中又帶有忠厚瀟灑的美感，如果從小飼養，就像貓一樣。

「洋人常說我們是睡獅，我們確實是，睡獅也是獅，隨時都有醒來的時候，再說，誰知道這頭獅子是不是已經醒過來了呢？」柏楊一面說着，一面望着剛從書店回來的張香華，問她對龍的看法。張香華想了一下：「是一種權威和力量的象徵，不怎麼可親。」果眞是夫妻一對。

展望未來的一年，柏楊似乎有所保留。「台灣目前很安定，但以後會怎麼發展不知道。」他說有人認爲開放大陸探親，是爲了兩岸統一的談判鋪路，以致他的一些較傾向於台獨的朋友很緊張，認爲時間不多了。最近台獨的聲音和動作比較大，他擔心如果不知節制，哪一天到了國民黨再也無法忍受的地步，會起而鎭壓，那麼到時就只有兩條路：壓得住，台灣很可能恢復獨裁統治；壓不住，中共將有理由出兵。無論哪一種，對台灣都不是福。

「中國人可以創造奇蹟，但不能維持奇蹟。吃飽三年飯，不是臉上長出個瘤，就是另外生出條胳膊來。」柏楊感慨地說。然後隨卽眼睛一亮，說起故事來了。他說有一天張三告李四打他，法官於是問張三：「李四打你之前，你有沒有阻止他？」張三理直氣壯地說：「當然有，我把所有的髒話都罵光了也阻止不住。」柏楊說這就是國民黨和台獨、台灣和大陸之間的故事，不能用激怒對方的方式，使對方息怒，對方被逼急了，遲早會有所反應。「現在國民黨忍讓，是因爲它還能控制，如果不能它就不忍了。」柏楊略帶憂心的說，「我擔心以這種速度發展下去，台灣問題會在香港問題以前解決。」

他認爲目前最好的方法，是什麼都不要說，讓它慢慢的滑過去。你說你有主張台獨的自由，他說他有主張統一的自由，那麼海峽那邊是不是也可以說他有主張派兵來接收的自由呢？自由不是絕對的，就像沒有人可以說「我有主張暴動的自由」一樣。「二分法和單選題都很可怕，尤其是『台獨』或『統一』這道單選題更無聊，不如順其自然下去，目前最重要的是積極建立一個民主政治制度，使它成爲一個主要的生活習慣，如此當什麼事發生時也無法摧毀它，或至少需要長一點的時間才行。」柏楊說。

話題轉到與大陸的接觸和開放政策。柏楊本身已經有了計劃，今年（一九八八）九月要到大陸去停留一個月，一來回老家去看看，二來上北京去領稿費。他認爲三通在不久的未來很可能成爲事實，這一來是因爲實際上的需要——市場萎縮，很多商人已迫不及待地要拓展另一個新市場；二來是形勢上各界的壓力。不過他說不少他的朋友從大陸探親回來後都很有滿足感，覺得台灣的國民黨也蠻可愛的。

新年新希望，柏楊自然也不例外。他的希望是「我們每個人都應該習慣於聽自己不願意聽的話，欣賞我們不贊成，甚至反對的意見」，因爲只有這樣，民主政治的基礎才會穩固。想到繫獄帶來的家庭破碎和心靈創傷，柏楊更希望今後不會再有人因政治坐牢。即使他並不贊同蔡有全和許曹德的台獨主張，但是也不希望他們被判坐牢。但是不這麼做又如何遏阻類似的主張？柏楊承認，每一個盼望的背面都有它的後遺症和不週全的地方，但這是沒有辦法的事，或許也不是他所能或應該回答和解決的事。

和柏楊一席談，感覺輕鬆、愉快，但間中又帶些沉重。每個星期二下午，該是高齡的他游泳的日子，但今天他卻擱下這重要的「養生時間」，在這溫暖寧靜的西餐廳裏和一位假龍的傳人談一個他不甚喜歡也從未看過的動物，以及對未來的展望。大概有不少人會羨慕我有這樣難得的經驗吧！

一生與「醬缸」搏鬥

James Rusk／著
姚安莉／譯

——一九八八・三・二八・台北（自由時報）

在台北市郊一棟寬敞的公寓中，柏楊斜倚在沙發上，發表他那令全世界華人憤怒不已的言論，他說：「我們已經給孔老夫子二千年了，已經夠長了。既然他救不了我們的國家，該是讓他死亡的時候。」

被一些西方學者視爲當今中國文學上具有重要影響力人物的柏楊，令人惱火的主要原因是他尖刻的批評，完全針對自己的民族與文化。而他慣用的筆法是將精美與冷峻共冶於一爐。

由於柏楊否認了一個普天下華人共認的事實——大漢文化遠超越其他民族的文化，而加倍激怒了華人。他的觀點幾乎正好相反，他認爲除了歷史悠久與三千年來備受呵護的傳統外，中華文化的根本弱點，使十九世紀的中國無法與西方的挑戰相抗衡，且無法避免這一世紀文化大革命的暴行與悲慘。

「我認爲與西方文化比起來，中華民族有其缺失。有兩樣東西是西方民族有，而我們沒有的，一是民主，另一是平等。」

柏楊的著作受到不少人的推崇，相對的也引起不少激烈的憤怒反應。

在台灣，他曾被扣以共產黨間諜的罪名，而監禁九年多。整個事件的導火線源於他所翻譯的〈大力水手〉漫畫，被國民黨認爲內容影射及嘲諷蔣介石元帥。直到如今，他的見解依然會受到官方的抨擊。

在中國大陸，他最受注目的作品是〈醜陋的中國人〉。在一九八七年初，由於中共當局認爲它侮辱了中國人而遭查禁，可是，事實上，反而暗地裡流傳更廣。

除了台灣和大陸，柏楊的作品也受其他地區的華人矚目。不少讀者投書中文刊物，指責柏楊是民族的叛徒。相對的，他仍然擁有廣大的讀者群。〈醜陋的中國人〉在人口一千九百萬的台灣賣了二十萬本。此書在中國大陸被禁之前，有五種版本。

讀者們深被他的主題所吸引。自從一九三六年魯迅，這位二十世紀中國文學上的早期傑出代表人物死後，中國文化的本質及其在中國現代化上應扮演的角色，幾乎完全脫離了中國知識份子與文學界的共識。

在中國大陸，學術界完全被共產黨的高壓手段所操縱。雖然目前有漸漸開放的跡象，但操縱者仍然隨時可以逮捕任何嚴苛批評傳統的作家，就像早年的魯迅與當今的柏楊。因此中國的作家不太敢像民國初年那段爲期短暫，卻百花齊放的五四運動時代那樣正視自己的文化加以檢討。

然而在海外，近十年來，對中國文化的自我檢討已開始萌芽。一位曾在香港、台灣及美國受教育的海外學者孫隆基的著作——〈中國文化的深層結構〉，自一九八三年出版後，流傳得非常廣，不少大陸上知識份子都讀過它。

和柏楊相似的是，孫隆基也是不留情面地批評中國人與中國文化的本質。孫隆基在書中寫著：「中國人本身根本毫無組織條理，一切均由領導者或集權領導者來下定義。而中國文化的標準依然緊緊依附在母親的子宮，尚未成熟成形。」

在當今的中國作家中，柏楊著有五十五册歷史著作、小說及雜文，他的風格和魯迅最相似。就像魯迅一樣，柏楊一貫執着地把焦點對準醜陋的事實，因爲他想爲受到歷史文化詛咒的民族找出一線生機。

在〈醜陋的中國人〉裡，他寫着：「一個如此偉大的民族怎麼會墮落到如此醜陋的地步？不僅飽受外來的侵略，甚至受到同文同種自己人的凌辱——從專制帝王到官僚及暴民。」

在他眼裡，中國人殘酷無情、卑劣自私、心胸狹窄及自大傲慢。最糟的是，沒有正義感及漠視個人尊嚴。

中國文化的包袱，就是承襲了孔夫子的遺產。柏楊推崇孔子是最偉大的中國思想家，但問題在於自孔子以來：「中國的知識份子所做的，只是對孔子及其弟子的理論加些眉批與註脚，極少有獨立的見解，這是因爲傳統文化不允許他們有獨立的看法。」

他又寫着：「知識份子的心智完全凝固在中國文化的醬缸裡。當缸裡的東西開始腐化發臭，而中華民族就吸收這股臭氣。」

中國文化的「醬缸」在他的文字及談話中常常出現。在由柏楊的詩人妻子張香華擔任翻譯的訪問中，他說：「問題是醬缸的威力無限，在其中投入任何東西都會被改變，連馬克斯學說都難逃其劫。」

醬缸文化使太平天國認爲他們不是上帝的子民，而是上帝的兄弟；也是醬缸文化作祟把毛澤東變成個暴虐帝王，他濫殺無辜遠超過歷史上任何一位掌權者，因爲他能夠爲所欲爲用各種新招來得逞。當然醬缸文化對國民黨及共產黨的影響是一樣的。

由於醬缸文化深深浸蝕了中國人的本性，他說：「任何人，即使是我，只要一朝居於毛澤東的地位，也難免不做同樣的事。」

柏楊認爲醬缸文化造成的問題，存在於所有中國人社會的人際關係中。中國父母往往無法接受子女成長的過程中，該學習擁有獨立的自主性。他又說：

「在中國，不論孩子的年紀多大，即使是五、六十歲，在父母眼裡永遠是無自主個性的小孩。中國的政府也是如此對待人民，所以由政府來告訴你該擁有什麼樣的工作、該交什麼樣的朋友、該讀什麼樣的書，甚至該有什麼樣的婚姻對象。」

中國如果能接受西方民主與人權的思想，就不難掙脫這文化包袱。但柏楊警告說，這一切將不會如此簡單：「民主最重要的是在於過程，但在中國制度下，只重結果。在西方審案時，最重視的是審理過程，但在中國，不論經不經過審判，結果都是一樣。」

柏楊對於受費正清影響的一批西方學者頗不以爲然。因爲費氏認爲西方的人權與對人的價值觀不適用於中國。柏楊說：「他用另一種眼光及標準來看中國人，因爲費氏認爲中國人全是野蠻民族，而西方民族都十分文明，所以美國總統或加拿大總理不可以殺人，而中國帝王或總統則可以殺人。」

柏楊太瞭解中國人所謂的「公正」。他在一九六八年三月被捕下獄，在國民黨刑求之下被迫簽下一份編造的自白書，換來了在被打斷的右膝上留下了腫塊及十二年的徒刑。整個的審判過程僅僅二十分鐘。

十二年的徒刑後來被減爲八年，但他仍被關了九年零二十六天，而於一九七七年離開了台灣的「魔鬼島」。這島名本是火燒島，後來國民黨美其名改爲綠島。

柏楊未料到他這一生會如此坎坷。他一九二〇年生於河南開封，是一位反對共產黨的國家民族主義者，且於十八歲時加入國民黨。大陸變色後，被迫辭去大學中的教職來到台灣。

在台灣，他以筆名從事新聞工作，但與國民黨的當權者起了衝突，因爲他嚴厲批評警察、賄賂風氣，及高階層濫用職權等。

坐牢期間，他開始思考發生在他身上的一切，全起於中國人性與文化上的弱點。

——（譯自一九八七·一二·三〇·加拿大〔全球郵報〕）

義大利人眼中看柏楊

——一九八八・六・一七・台北〈中國時報〉

Renato Ferraro／著
古桂英／譯

「四千年來，孔老夫子禁止了一切革新，害得今日我們的思想全萎縮了。」——這位現年六十八歲，不肯與現實妥協的作家，曾因一篇漫畫而被判刑入獄。——不過，他的著作在中國大陸也成了禁書——「他們指控我破壞了祖先的文化，一味要學外國典型！」——中國人雖已成年，父母與政府卻仍把我們當小孩一般管教。」

在台灣，他被關在監獄達九年之久。在他於一九四九年逃出來的人民共和國裡，他的書是禁書，在香港，英國政府單位爲了避免麻煩，不准他發表演講與接受訪問。在美國，他與華人團體的接觸總要掀起天大的爭論風潮。

柏楊這位小說家、歷史學家、多產的社會評論家，犯了一項不可赦免的滔天大罪：他出賣了他的同胞。

因爲中國人，不論窮富，不論學者或白丁，不論共產與資本家，只要是中國人，便有個共同、不容或疑的信念：中國文化是有史以來，地球上最優秀的文化。

柏楊卻在他的著作裡摧毀了這已有數千年歷史的傳統認知，他說那是一個醬缸，綑綁着他的同胞，僵化了知識份子。「在這樣的一個大醬缸裡，連外來的理想觀念也不免給醬壞了。」

在台北一家咖啡屋裡，我們見到了柏楊，他臉上掛着一副明知惹了大禍也無所謂的笑容，一個六十八歲了的人，卻有一對頑童的狡黠眼神。「我是一個不肯安份守己，不肯獨善其身的人。」他承認，「在中國像我這種人是注定要坐牢的，不論是在台灣海峽的這邊還是那邊。」他以本名郭衣洞所寫的小說，被認爲是中國近代文學裡最出色的作品之一，這些小說的內容都很猛烈地批判共產黨，而共產黨則是他自十八歲加入國民黨之後就一直反對的黨。

他的雜文，一種社會評論的短文，自他最崇拜的作家魯迅承襲而來，曾使他在六十年代大出鋒頭，當時人稱他是雜文專家。

「跟我過不去，」他說，「並非爲我的某篇文章，而只是爲了一篇無關緊要的漫畫。那時我以諷刺筆調譯寫〈大力水手〉的漫畫登在報上，在其中一篇裡，大力水手父子漂流到一個無人的小島上，老水手說要競選總統，並以種種民主方式禁止兒子得票，不幸他們的對話，在別人眼裡，並不顯得可笑。」

也許是故意開柏楊一個玩笑，軍事法庭竟以私通共黨罪名，判了這個一輩子反共的人。「如果他不曾與共產黨有過來往，便不可能寫出如此傳眞動人的反共文章。」這是軍事法官們在宣判時一致的說辭，他們控告作家曾在國共內戰期間，向共方提供某一國軍部隊所擁有的脚踏車數量。

今天的柏楊這麼說，「九年的監獄生活讓我做了許多有益的思考，我常想為什麼這麼偉大的中華民族會墮落到今天這種地步！我們不但被外人欺侮，也被自己的同胞摧殘。」

這些思考的結果，又出了一本挑戰性的書（醜陋的中國人），這本書出版於一九八五年，在台灣銷售了十二萬本，在中國大陸，共出版了五種版本，其後就成了禁書。

這本書給它的作者帶來了無數的批評與侮辱，也受到了極多的鼓掌與擁護，尤其是來自一群知識分子的，這些知識分子雖是少數，卻源自一世紀以來就不斷地要求爭取以民主、民權及個人自由的文化界人士。

「爲什麼西方超越了中國？」柏楊問道，「我想是希臘文化，尤其是基督教文化，特別灌輸了平等與民主的價值，了解上帝面前，人人平等。而在中國，人卻因他的社會等級而定他的地位，當我在少年時期初識基督教教義時，我簡直驚呆了，我立刻接受了它，我對自己說，這個宗教是維護人類尊嚴的宗教，它會推動進步。」

根據柏楊的看法，中國的落後正出於心坎裡的等級制度，它腐蝕了人與人之間的關係，謀殺了自由思考的能力，「權力要求服從，製造恐懼，」他說，「在中國這種怕的感覺，可以出現在統治者與被統治者之間的關係上，出現在老師與學生的關係上，出現在父母與子女的關係上，它的結果是猜疑、嫉妒、逢迎、屈從。」

「中國的問題，」柏楊說，「不在於它的貧窮，而在於它的壓迫與欺騙，在於理性與道德觀念的被摧殘，人們只知道互相欺騙，互相隱瞞，互相作僞。」他在〈醜陋的中國人〉一書裡，狠狠地抨擊道：「誰曾見過一個眞正誠實而好心的中國人？一個不諂媚上司，也不輕視下屬的中國人？一個不肯委曲求全而不接受不合理事務的中國人。」

「中國式的教育教出來一種幼稚而不穩定的人格，」柏楊解釋道，「我們這裡，不肯接受孩子必須長大成人而獨立自主的觀念，父母對待兒女永遠是像對待幼童一般，就算兒子已經五十歲了也是一樣，政府對待人民也是這個樣子，他們決定孩子的一切，學業、職業、居處、婚姻、生兒育女，甚至該讀何種書報雜誌。」

「中國人都得了一種神經緊張的病毒性傳染病，這病毒出自教育方式，」根據作家的看法，這病使得他們總是「如此吵嚷、喧嘩，如此不守秩序，如此不愛乾淨，如此貪得無厭。」

而柏楊把這些現象都怪罪到孔夫子身上去，「在過去四千年裡，中國似乎只出過這麼一個思想家——孔夫子，在他以後，中國的知識分子，只有在他的教條裡做註脚的能力了，至聖先師不准許任何形式的革新，所以我們的思想便完全僵化。」

那麼，道家、反對派，及造反派呢？我問柏楊，他聽了大怒，有點像大力水手在找菠菜精似地火急起來，他對這個中國第二大傳統也是要一脚把它踢得老遠，「去他的道家，」他吼道，「正因爲它的反理性，與它對世俗的阿諛，使得中國人迷信、認命、聽人擺佈，默默地接受一切，老子與孔子已經死掉幾千年了，連馬克斯與毛澤東也死掉了，所有的所謂聖賢都死光了，我們不必再跟木乃伊嚕囌，我們必須用我們自己的腦子來思考，我們不再是小孩子。」

對柏楊來說，中國文化已經出現了一件最新的大事，那便是去年台灣向民主政治所邁出的一大步，「我沒有料到國民黨會做出這麼大的改變，」他承認，「眞是出人意料之外，此地正在進行的一切對整個中國關係重大。在中國大陸，廣大的被統治者仍然沒有開口說話的餘地，他們的改革來自上面統治階級的命令，因此非常脆弱。」

最後一個問題：「在中國人的傳統文化裡，有沒有一點你喜愛的東西呢？」

「當然有，」他答得很快，「我愛中國人的勤勞，尤其是能夠爲一己的利益打算的時候，這也是合乎人性而合情合理的，我愛中國人的忍耐，更愛他們面對困難與逆境時的勇氣，還有他們求生存的毅力，中國人歷經種種考驗、種種不平、種種不幸，卻沒有失去對生命的信心，中國人有一個長處：他們永遠不會被消滅。」

（譯自一九八八・四・三・羅馬 il Corriere Dalla Sera報）

三更有夢書當枕

李小玲

——一九八八・九・台北〈風尚雜誌〉第二十一期

小學，柏楊的家裡沒有書房，倒是班上成立了小小圖書室，下課鐘響，他即跑到教室後面的書架上取書看，什麼〈七俠五義〉〈小五義〉〈三國演義〉〈水滸傳〉………伴他度過並不快樂的童年。

同學家有書房，總令他又羨慕又嫉妒，常常忘了玩伴，索性站在書架前看書，幾達忘我之境；在重慶當流亡學生時，常賴在書店裡看幾個小時書也不肯走，不是買不買的問題，而是根本沒錢買，書店老闆倒很有人情味，從未下逐客令。

柏楊的家坐落在台北花園新城的攬翠大廈裡，遠離塵囂，在這清新空靈的環境裡，深居簡出地過筆耕生活。

傳統中國北方人的性格，豪爽、大方，正如柏楊的人。他的家，書房也具備同樣的風格，看膩了過度裝飾的室內設計，我們可以在這裡呼吸到一點自然的、人性的感覺。

五坪左右的書房，書架佔滿了三面牆，保留了一面開窗，窗外景色絕佳，柏楊即在這個小天地裡，埋首於《資治通鑑》的翻譯工作，他自嘲此處是「手工藝製造廠」，縱使有助理的協助，但基本上還是得靠自己將《資治通鑑》這本古典名作以現代語文的方式，平易近人地展現於坊間。日常除了寫作之外，柏楊很少外出，書房成爲工作及小憩的地方，累了，就在座椅上休息，窗外的綠意氤氳，何等悠閒！眞是羨煞了城市裡的上班族。

「我整個生命都在書房裡，」生活是旣規律又單調，柏楊一點也不以爲意，因爲：「坐在這裡，感到內心的寧靜，相當舒適……這才眞正是屬於我自己的位子。」

「一個人有個好書房是最大的享受，外面的世界總是蒼蒼茫茫的；即使你有一個很大的辦公室，但終究你辦的還是別人的事！」

尤其對一個從事寫作的人而言，擁有一個屬於自己的空間，心緒可以天馬行空，振翼翱翔，何等快意！

雖然「寫作」極其單調，但寫作的整個過程卻非一成不變。翻譯歷史書籍，每天都有不同的主題，發展的結構也不盡相同，每天都有新的場面、新的變局……

「寫作可以把自己的心聲寫出來，把感情、盼望，把愛與恨抒發出來……」

這是其中的樂趣，翻譯古典書籍則有另一層次的收穫，〔資治通鑑〕最近幾年來並不是排行榜上熱門的書，柏楊深入其中，爲讀者掘出人們難得接觸的寶藏。

多年來，柏楊堅守的信和愛不變，但其觀念、心性，隨年齡的增長而愈顯得親切近人，或許眞正熬過人生各種困境的人，才有如此的表現。對我們國家，柏楊仍有着壯年時的期許。

所以書房的功能，提供讀書寫作的快意空間之外，書房有其潛藏的效應，好比讀書能養性一樣。

然而，現代人往往在富裕之後就忘了「知書達理」，柏楊說：「倉廩足而後知榮辱，或許現代人生活太過緊張，沒有時間進入書房，但是書房在家庭的重要性，扮演了提升心靈的重要角色。現代知識來源太雜，以往只有一種——書（包括印刷品在內），但是現代人知識層面廣而多數品質不精，這是很自然的現象。」

想要現代每個知識份子都埋頭書房，已不可期，但知識份子不應放棄也不能放棄書房，這就是書房的功能。

如何引起人們重回書房的與趣呢？

柏楊認爲該深思的是：書房提供的是什麼東西？如何能引人入勝？如何教導？如何輔助？都

必須有一套符合現代人的內容設計。

現代年輕人，資訊的來源比以前複雜，視覺的傳遞，有聲出版物的大行其道，書房勢必要現代化。比如架上的書籍，不論在編排、撰寫、印刷、包裝上，都得精心製作，尤其要注意閱讀便利性。

家長在購屋時，應該騰出房間當作書房，營造出一個書香天地，讓孩子浸濡其中，受益無窮。書房裝潢的好壞與藏書量無關，因爲個人對書的要求不同，「貴在能從好書中吸取精華」，柏楊表示：「但要多方面涉獵，就和一般人吃東西不能偏食一樣，必須吸取各種營養。」

命運坎坷的他，二十七歲才讀完大學，因爲年輕時失去了太多，所以極其珍惜每一刻可以閱讀的時間，連走路、坐巴士、等車、吃飯時都不例外，甚至過去每天從所住的台北通化街，走到長安東路〔自立晚報〕上班的這段時間，也不放過。

此外看電影、看電視時，他也有作筆記的習慣，看到或聽到感人的句子必忙不迭地記錄下來。如今甚至用收錄音機將這些話口述下來，一直保持鍥而不捨的求知慾，「因爲知識是從各方面累積而成的！」

想要廣博地吸取知識，柏楊的方法是：「隨時隨地，發現目標就立即行動，不要遲疑！」沒有其他的嗜好，除了看書還是看書，從書中能得到無窮的樂趣，情緒低落時唯一的紓解方法還是看書，柏楊是個典型的「愛書人」。

愛看書也愛惜書的柏楊認爲：「如果你連最喜愛的東西都不珍惜，那你還珍惜什麼？」以往還特地刻一個圖章蓋在藏書上，提醒那些借書的朋友：「戔戔稿費，買書自娛，且以之維生，辱蒙借閱，務請早日賜還，實萬分感謝！」

出獄後，他作了修正，現在買書都不再蓋印，柏楊說：「人生很多事情都是過眼雲煙，當年突遭家變，許多藏書不保，流落到街頭書攤，看到那些蓋印，只有徒增傷感而已。」

如今，對書的保存抱着「順其自然」的態度。即使朋友借閱忘了還，也不再追究。一本好書遺失，第一個反應自然相當懊悔！「但我一生中丟掉的東西太多了！必須割捨的感情也太多了，因此把書視爲財產的感覺，也愈來愈淡。」

遠居市郊，遺世而獨立，有着強烈「自我放逐」的意味，柏楊如今馳騁於山林，心靈不被束縛，或許迫於現實，而不斷作筆耕的工作，但卻不失書生本色，一天看五份報紙，對國事、時事依然關切，雖然他說：「知識份子對國家的影響並不大，以往太過高估知識份子的力量，實則整個社會結構的變化潮流，才是根本的主宰者。」

經過人生的閱歷，歷史的教訓，柏楊對人事的觀察已不僅是表象，而是深入了文化本質的探討，這都是在書房中領略出的心得。

光明與黑暗

——一九八九·五·二九·台北（自由時報）

彭樹君

任何運動如果不能和民怨結合，就很難發動起來，而大陸學運之所以有這麼大的號召力和影響力，就是和民怨結合的緣故，這不只是學生的憤怒，而是全體中國人民在長久壓抑之下深沉無告的反彈。

有人說，見諸歷史，中國的傳統政治，與人民性格本來就是適於極權的，因此極權專制根本是中國人無可逃避的宿命。

可是，北京天安門前數十萬人的靜坐遊行，和數千名學生的絕食抗議，打破了這個宿命之說。經過報紙、電視，與各種傳播媒介，全世界的人都和那群年輕的學生一起呼吸，一起心跳，全世界的人都感受到了那種勇氣與力量的凝聚。那群學生以大無畏的精神，以血脈賁張的肺腑，發出了民主的吼聲，這是四十年來歷盡苦難之後的覺醒，也是四十年來規模最大、影響最深遠、姿態最動人的一次民主怒潮。中國不再甘心於被奴役的宿命，中國人也絕不再向八十年代的末代皇帝稱臣，這是做爲一個人的基本尊嚴，也是民主意識的覺醒。

基於擁護民主的立場，本報特別訪問了當代華人世界最具批判性的作家及歷史學家柏楊，對於北京學運的看法。

「像這樣波瀾壯闊、氣勢磅礴的學生運動，只有在封建與專制的國家才會發生，在民主的國家，因有許多溝通輸導的管道，不必藉助這樣的運動來表達意見。」柏楊一針見血的道出北京學運背後的潛因，他說：

「任何運動如果不能和民怨結合，就很難發動起來，而北京學運之所以有這麼大的號召力和影響力，就是和民怨結合的緣故，這不只是學生的憤怒，而是全體中國人民在長久壓抑之下深沉無告的反彈。民怨長久累積，到了飽和點，不能再忍受的界限，自然一觸即發，就好像房子裡充滿了瓦斯的時候，只需要劃一根火柴，就能把房子燃燒起來一樣。」

柏楊認爲，中國大陸長期被壓抑的民怨，是中共當局在有限度的開放政策之下，國有經濟和封建政治要轉變爲自由經濟、民主政治時，必然會有的脫序。而造成民怨的原因有二：一是通貨的膨脹，物價上漲與薪水階級的購買力下跌，民不聊生，人心驚慌，對政府沒有信心；二是官僚的腐敗，投機，高幹子女享盡特權，市井小民被剝削得走投無路，不走後門就活不下去，而走後門，也不見得活得更好。

「整個社會上上下下一片貪贓枉法，使得民怨沸騰，而這些情緒和學運結合起來，得到宣洩的機會。所以說，學生表達的不僅是學生的意思，而是中國全體人民的意思。」

四十多年前，猶在抗戰期間，共產黨即是以發動學潮與罷工起家，毛澤東就有斯言：「凡是鎮壓學生運動的，沒有好下場。」而四十多年後，風水輪流轉，學生運動的矛頭對準了中共當局，實在是個十分諷刺，和十分尷尬的場面。柏楊以過來人的經驗看今日北京學運，有極大的感慨。「一個人年紀活得大一點有個好處，你會看到很多從前認爲絕不可能發生的事，竟然發生，而原先信仰的眞理，反而顯現出原來是一片謊言。當初共產黨就是以學運的方式來打擊國民黨的，而現在輪到他們來品嚐這個果實。」

大學生本不應該介入政治的，因爲他們的政治經驗和能力都不足，可是當政府腐敗到不得不藉助學生進行改革的時候，就可見這個國家處境的危險與官員的顢頇了。所以，面對這樣悲劇性的學生運動，柏楊內心有着十二萬分的沉痛。他雖然讚許大陸學生的行爲，將之與七十年前的五四相提並論，可是他仍以謹愼的態度有所保留。

「五四運動爲中國寫下了歷史，例如：白話文的興起、左傾思想的引進、民族主義的覺醒、科學與民主的追求，都在這時開始萌芽，縱使有許多人不滿意它，但有這幾點突破，就是了不起的貢獻。至於今天的北京學生運動，是不是能爲中國寫下另一頁歷史，不要看今天，而要看日後的影響。」

柏楊在去年（一九八八）年底前往大陸，與那邊的文化界接觸，也親眼目睹、親耳聽見許多最直接的景象與聲音。在那裡他所接觸的年輕人和知識份子，對共產體制都十分絕望，他們內心盼望體制外的改革，他們認爲：「唯有大亂，才能歸於大治」，這是大陸人民目前普遍的心態。但柏楊已見識過太多的流血與革命，他並不以爲體制外的改革是必需的，因爲鑑乎歷史，所有的動亂都會犧牲無數人民和革命菁英的生命，而革命的果實卻總是落到野心家之手。

「中國文化裡缺少民主和平等最高指導原則，所以革命到最後就變成帝王之家式的獨裁集權，因此我反對革命，反對體制外的改革，因爲它的後果是我們當初不能預料，事後也沒有辦法承受的。但這並不表示人民就得忍受統治者爲所欲爲，執政者必須適當而漸進的改革，對人民的要求不斷溝通讓步，才能避免革命。」

天安門前的靜坐絕食，要求的是體制內的改革，因爲這只是運動而非革命。「如果他們要求體外的改革，這群學生會被當成叛徒，可能被審判、被槍殺。但今天他們要求的是體制內的改革，以愛黨爲口號，這是一種不得不使用的政治藝術。他們心裡可能十分憎恨共產黨，可是目前他們所處的時空條件下，也只能要求體制內的改革，在他們這已是最大的包容了。」

因此，柏楊說：我們台灣要避免在物質與金錢上支援北京學運，因爲這只有使他們的立場複雜化，反而傷害了這個學運的純潔性，中共更可以台灣介入學生運動爲藉口，進行暴力干預。台灣的中國人所能做的，只有大量的援助醫藥，才最適合，當然，還有精神上絕對的鼓勵。

「這次學運的劃時代意義在於，大陸人民已經公開而普遍的覺醒，承認他們受騙四十年。連新聞記者、學者、教授，都參加了遊行的行列，這意義非比尋常，因爲他們所面對的是傾家蕩產、家破人亡的風險，但也可看出民怨已到了以生命抗爭的地步。即使學運消退下去，它的影響力也仍舊存在，因爲民怨不斷的累積，類似的運動也將不斷的展開，一次比一次更波濤洶湧。不論這次學運結果如何，最大的輸家仍是共產黨，他們的威信已被懷疑和被否定，政治結構也受到某種程度的衝擊，很可能更加強內部的動盪。」

大陸人民生活中沒有自由，每個人都隸屬一個「單位」，這個「單位」可以決定並控制你的一切，所以大陸人民長期處於集體主義之下，自我意識十分模糊，直到近年來中共有限度的開放與改革之後，許多人心才有點覺醒，他們從封建破敗的社會主義牆垣，向外看另一個不同的世界，「自由」的根苗，就從內心深處開始滋生，那是人心最基本的渴望，縱使在冰天雪地裡也會萌芽。

「自由的要求會因爲有比較而產生，台灣遠比大陸自由，美國又比台灣自由。可是我們不必心急，美國的民主政治已有兩百年以上的歷史，台灣取消戒嚴令也不過是近幾年的事，當然會有差距，甚至很大差距。」

西諺說，權力造成絕對的腐化，柏楊說，何止是絕對的腐化，而且還是絕對的痴呆，因爲一意孤行，就失去了判斷的能力，成爲以自我爲一切的瞎子。執政黨需要在野黨的制衡，需要另一種聲音來提醒自己的錯誤，可是在共產社會，反對者無法結黨營社，因爲他們缺乏中產階級的支柱。

「民主必須有中產階級，可是在共產統制經濟體制之下，中產階級不可能產生。中共若眞有改革的決心，就必須採取財產私有化的步驟，若干年後，有了中產階級，也就有了各式各樣的輿論與活力，中國才有希望。」

近年來，台灣也有某種程度的學生運動，柏楊認爲，這和北京學運在本質上完全不同。

「台灣學運不能像大陸、南韓那樣的澎湃，最大的原因是：台灣反對黨已走在學生前面，民怨不需要和學運結合，自有以反對黨作宣洩和溝通的管道，所以台灣的學運範圍，僅限於校園之內，他們爭取的也只是和學生本身有關的權利。因此可以這麼說，台灣的學生運動是純粹的校園運動，而北京學運則是一種政治運動、社會運動。」

對於北京學運與台灣近年來種種社會運動的比較，柏楊也提出了他的看法：

「大陸學生所面對的抗爭對象更頑強，他們所承擔的危險也更大，而且他們所要求的，很難達到目的。但海峽兩岸的社會運動儘管內容不同，那種人心的苦悶，卻是一樣。」

面對台灣各式各樣的社會運動，柏楊的看法是樂觀的。

「這是不成熟的政體在不成熟的民主觀念之下，試圖前進，當中必然會產生的陣痛。因爲政府和人民都不十分了解自己的位置，所以難免衝突爭執。一個正常的民主政治得經過長久的運轉與不斷嘗試錯誤，才會發展出人人都能遵守的規則；只有不斷的衝突爭執，每個人才能找到屬於大家都應遵守的共同軌道，和自己所佔的空間。」

也因此，柏楊對於北京學運寄予絕對的鼓勵與支持，他說：「我再強調，北京學運不是單純的學生運動，而是由學生發起的政治、社會運動，由這個運動我們可以看出這一代中國年輕人的希望。專制政權對反對者的懲罰是極殘酷的，可是年輕一代依然如此堅持，說明他們已到了不畏死的程度，這種勇氣令人心折，而反抗的本身就是一種生命的表現，一種意志力的表現，一種自我檢討的表現。」

北京學運在此時風起雲湧的展開，代表了一個新契機的來臨，像一首波濤洶湧的史詩，充滿了各種創造與毀滅的可能。在訪問了柏楊之後，我想起了狄更斯在〈雙城記〉一開始的預示：

那是最好的時代，也是最壞的時代，
那是智慧的歲月，也是愚蠢的歲月，
那是信實的紀元，也是懷疑的紀元，
那是光明的季節，也是黑暗的季節，
那是充滿希望的春日，也是籠罩絕望的冬天，
我們擁有一切，邁入天堂，
我們一無所有，步入地獄。

柏老，不老

——一九八九·一一·台北〔婦女雜誌〕

楊玟瑷

柏楊認爲生命不能夠揮霍，除了工作的享受，他不追求其他。他的生活哲學就是：工作即生活，生活維生命。

跟柏楊這種澎湃鏗鏘的人，作「生活」這種軟調子的接觸，好像拿蓬蓬的棉花團給大象玩，眞不知結局會怎樣？

來到他和詩人張香華的家，只覺得這兒好像很忙碌，而且人口衆多，走來忙去的，香華姐坐在地毯上接電話，一位朋友在餐桌上專注寫稿，兩名工作助理忙着打電腦和文書處理，幫做家務的管家林太太在廚房工作，卻不見柏楊。

等待的片刻，我習慣地四下瀏覽：坐着的沙發是米白色的，茶几是乳白色的，落地窗簾是帶點黃色的白，整間屋子的牆壁也是白色的。由於質料的關係，這白，有點含蓄質樸，因此整個客廳沉沉緩緩地透着精緻而溫潤、樸實的氣氛，令人精神舒坦，不像很多人家的白色，白得凜冽，白得很現代、很科技感，令人神經末梢發緊。

眼光打個轉，回到正前方，客廳外是個小陽臺，一串風鈴，逆着光，有剪影的效果，造形美好。我起身，臨窗眺望，遠處是臺北盆地，白天看，灰褪褪的、密密麻麻，一點也沒有香格里拉的聯想。

但是到了夜裡，夜幕下垂，黑暗融蝕掉所有的色與形，包括雜亂和醜陋，代之而起的是一盞一盞跳起的萬家燈火，柏楊曾經說那是「臺北那個巨大的星湖——燈火猶如漁火，黑暗就是海洋」，而在「清風輕輕拂着面頰」時，回想着大陸行的諸多動人心魄的奇情，而說：

「大陸可戀，臺灣可愛，有自由的地方，就是家園！」

臺灣可愛麼？

柏楊出來了，從書房出來。那是他翻譯〈資治通鑑〉這項浩大工程的陣地。穿着舊舊的襯衫，戴副眼鏡，尋常老頭兒一個。他透露，他日常生活唯一的休閒，是抱貓，替貓抓癢，他說：「嘿！抓不舒服，貓兒還咬人哪！」除此，他天天工作，日夜不斷，吃飽飯，打個嗝，再上工；唯一的運動，是淸晨五、六點的散步，和偶爾游泳。

柏楊是全無休閒生活的人，甚至連生活都沒有細節，他說：「好多年了，想帶香華到陽明山住一晚，都沒辦法成行，」他說：「出國旅遊、記者會、座談會、演講、訪問、聚會，忙得不敢出去玩，我的工作量太大，但是有意義，該做就做。」

結論是，除了工作的享受，他不追求其他。可以說，他的生活哲學就是工作，這話，開始標示七十歲老人的不尋常了。

柏楊說：「我的新生命，在工作裡成長。」

目前他的工作重點，是寫〈柏楊版資治通鑑〉，計畫出版七十二本，現已完成五十二本。跟着歷代的軌跡走，讓他在書房裡改朝換代，雖然同樣是寫稿，卻很有新鮮感。

他說：「翻譯文言文，經常得查字典，有時爲了一個不認識的字，要打好幾通電話，甚至打到國外向朋友追查，因此每天都有新的刺激。」

柏楊很少停留在生活面，而是騰越在生命的層次來思考。不是不屑，也不是不知情趣，只是在經歷了大風大浪，坎坎坷坷之後，無論怎樣的生活境遇，他都覺得是很好的。有什麼比以前更糟？

「生命有限」「猶恐不及」是柏楊的心情。他說：「生命不能揮霍！人過三十歲就應如此，何況，我過了七十歲的人，更不能揮霍。」

對於現代人的揮霍，柏楊深切慨嘆：「生命不能揮霍，金錢也不能揮霍；現代人揮霍，是因為不知道生命的意義。」

生命的意義是在追求事相的眞實本質，人卻往往行為本末倒置。柏楊開始慷慨激昂起來了，他說：「XO不是餵牛的，全世界只有中國人才像牛一樣大量灌XO來炫耀有錢。而且勉強對方喝酒，以示自己的詭計得逞，你越痛苦，他越叫你喝。我有一個朋友，就是因為鬧酒鬧翻的。「我一向不能喝酒，他卻冠冕堂皇地堅持『我是在敬酒，你不能不喝』，理由竟是『你不喝就是不給我面子』，你看，為了自己莫名其妙的面子，就叫別人喝酒。這種人不愛自己，也不愛別人，朋友怎麼可以使朋友痛苦？」

「提及生活品質的問題」，柏楊言辭漸露犀利，這是七十「老翁」罕見的。他直指：「有錢能使鬼推磨，但不能使鬼升天。暴發戶常以為錢能解決一切問題，一句『我有錢，我請得起』，所以臺灣的婚喪喜宴有了色情表演。一句『我有錢，我買得起』，所以才有金馬桶。再一句『我有錢，我付得起』，因此舊金山在公布用水超度數的名單時，中國大使館名列榜首，眞是失落了禮義的禮義之邦！」

柏楊認為有錢沒罪，但看對錢的使用方式；他也認為名利無傷，但看對名與利的消化方式。

只看他的方式，就可以看出他的品質。

人常說：「衣食足而後知榮辱。」也說：「富過三代，才懂得穿衣吃飯。」這是很現實的問題。

柏楊還記得十一年前和張香華結婚時，吳三連先生要送他一幅畫當禮物，他回說：「我不要畫，我要兩把椅子。」而今想來也是無奈，「還能怎樣呢？我那時候就缺少兩把椅子，沒地方坐呀。人要有了吃飽的肚子，才能追求藝術。但是沒有錢仍在追求藝術，才是喜愛藝術！」

目前柏楊的生活已經相當穩定，不過他覺得自己的生活品質不夠。他說，在義大利曾認識一個地磚工人，雖然不是知識份子，卻很有水準地經營自己的生活，建設步驟是這樣的，房子自己動手蓋好後，首先買廚具，其次就是買畫，有餘錢才買沙發，睡覺將就着，直到存夠另一筆錢，才添購牀，這麼下來已歷經了七、八年。

柏楊的感動有二：其一是這位義大利工人竟這麼注重藝術，其二是他這種點滴累積的態度，很踏實，一點也不急功求派頭、鋪場面，以便向人報價說：「這幅畫幾十幾百萬！」發人深省。

柏楊深以爲當前國人的生活心態，好比乘慣獨木舟的人，即令上了大船，也改不了「獨木舟心態」。他說這是心靈適應問題。但願三代之後，社會會順利地轉型到富而好禮的境界。

張香華得空了，也加入我們的話陣，話不多，但可以感受到她的全心參與。她參與柏楊的一切，是柏楊的妻子、經理，和好朋友。他們兩人相差二十歲，可以這麼想像：柏楊二十歲的時候，她才剛出生呢！這種忘年交，眞是難得。

香華姐是個喜愛美的人，收集了二十來件水晶動物，件件玲瓏剔透，玉潔冰淸，很能與她的氣質相呼應，得此美眷，柏楊當無憾矣。

怪不得柏楊說臺灣可愛，怪不得柏楊深切誠摯地說：「我有愛情、友情、親情，兒子也有兒子了，一般人認爲我的晚景很好。我的內心充滿了感謝，也覺得一切都在巓峯狀態，而且還在增加。」

祝福柏老與香華姐！

惜福·惜緣

——一九九一・二・台北〔家庭月刊〕

黃常惠

柏楊夫婦相差了幾乎二十歲。當年，一個是甫出獄、貧苦而又寂寞的民主鬥士，一個則是充滿文采才情的清秀佳人。兩人力排衆議，堅定信守地走入憧憬的婚姻世界。十五年來，他們不僅證明了自己的選擇，也證明了彼此是自己的朋友。

十五年前，柏楊五十七歲，剛剛出獄，一身孤風傲骨，頗有「世人皆醉我獨醒」的清寂之感；當時張香華三十八歲，氣韻脫俗，在文壇上迭有佳作，仰慕者自不在少數。

年紀相差懸殊的兩人，在一席由史紫忱教授作東的餐會上相遇，進而相知、相戀。半年後，張香華不顧所有親友的反對，信心堅定、滿懷喜悅地和柏楊攜手邁向兩人生命中的第二個春天。

十五年後的今年，柏楊和張香華都已分別邁入七十和五十之齡。十五年的婚姻生活，對柏楊來說，只需以「夕陽無限美好」幾個字，來做最簡單而明白的詮釋。

儘管張香華對丈夫的生活照顧有加，她個人在文壇上的空間或其他社交場合、公益活動的參與，也自有一方天地。如此適度的保有獨立性，使兩人不僅能擁有合而爲一的世界，同時亦能保有自己的空間；在個體上做到完整的協調，生活節奏因而有輕重緩急皆有致的美感。

柏楊認爲自己的性格較粗獷，並且容易發脾氣；大聲一吼時，「香華總是沉默不說話，耐心等我氣消了之後，再和我做理智的溝通，她是一個冷靜又有包容的女人。」他說十幾年來，妻子對他的意義，除了是親密的伴侶外，同時還是一位沉穩內斂的朋友。

談起兩人這段屬於彼此的二次婚姻。那時結識之初，柏楊已與前妻因入獄的原因而仳離，張香華亦與前任丈夫離婚多時，兩人也各有子女。

結婚後，他們是如何看待彼此的兒女呢？「我們視如己出！」柏楊說即使現在，子女們都已各自獨立、成家，但是「全家人」的感情仍是融洽而和諧，子女也尊父母的另一半爲自己最親的長輩，不分彼此。

柏楊強調說，婚姻對老年人來說，比對年輕人更爲重要，「少年夫妻老來伴」，年輕時婚姻蹭了可以重頭來過，老年人必須珍惜目前的幸福時光。他說，老人最可悲的不是死亡或衰老，而是不懂得吸收新的事物、不知道欣賞臨老的夕陽之美。他則以珍惜的心情來要求自己、來愛自己的妻子，以及自己的家與生活。

每年到了歲末，只要是柏楊、張香華的朋友，總會收到他們誠心寄來的賀卡，上面是一篇簡短的平安信息，告訴朋友們，這一年來他和妻子做了那些事、有過那些旅遊經驗，或是那些生活上的小情趣。十四年來，他們如此相伴走過，而今而後，亦復如此，甚至他們的手將握得更密更緊！

他在爭議中保持自我

——一九九一・四・二七・北京〔團結報〕

陳漱渝

我喜歡思考尚存爭議的問題，也樂意結識一些有爭議的人物。因爲一些機遇，我最近三次會見了深居簡出的柏楊。在台灣，他有過坐牢九年零二十六天的傳奇經歷，他的小說、雜文、歷史著作，一直暢銷不衰。在中國大陸，有人認爲他剖析民族性弱點的著作，是爲了催促國民反省，有人卻認爲他的思想偏激，以偏概全；有人認爲他作品的語言詼諧幽默，尖銳潑辣，有人卻認爲他率爾出言，文風粗俗。特別在前些年，有人將柏楊的作品跟魯迅的作品進行比較研究，又引發了一場柏楊的雜文是否超越了魯迅雜文的很動感情的爭議，這更引起了我對柏楊的興趣。我不想就那些衆說紛紜的問題匆忙發表己見，只希望能夠多聽柏楊談談自己，談談他對上述問題的看法。即使他的談話再度引起爭議，我認爲對於研究柏楊這個台灣文學史上的客觀存在，也是會有裨益的。

一九九〇年十二月十三日中午，我第一次見到了柏楊。那是在遠流出版社老板王榮文先生舉行的一次午宴上，地點是中國大飯店中餐廳。我記得同席的有被譽爲台灣核子工業之父的孫觀漢博士——柏楊被捕期間，跟他素昧平生的孫博士不顧個人安危，奔走營救，並編了一本《柏楊和他的冤獄》進行抗議。還有《中國時報》「人間」副刊主筆季季女士、《傳記文學》出版社社長劉紹唐先生、新近出版長篇巨著《浪淘沙》的作者東方白先生等。席間柏楊妙語連珠，不時引發陣陣笑聲。只是我當時的注意力集中在美酒佳餚上，他當時的妙語，事後一句都記不清了。

吸取這次教訓，一九九一年一月五日上午，我驅車來到台北縣新店市花園新城的柏楊寓所，進行了長時間的專訪。不僅作了筆錄，而且錄了音。在場者有柏楊太太、詩人張香華女士，台灣著名史料專家秦賢次先生。

我首先問起了導致柏楊入獄的「大力水手」事件。這件事發生在一九六八年，當時柏楊在他的前妻倪明華主編的《中華日報》家庭版上，開闢了一個〈大力水手漫畫〉專欄。其中有一幅漫畫，內容是父子二人合購了一個小島，在島上建立了王國，並由父子二人競選總統。這幅漫畫觸怒了台灣當局。他們以「侮辱元首」「通匪」的罪名，於同年三月七日，將柏楊關進了監獄。柏楊從小喪母，不知自己的生日，後來他入獄的日子就成了他的生日。

我請柏楊坦誠回答：他刊登這幅漫畫究竟是否有意諷刺蔣家父子？柏楊說：「我當時並沒有想搞什麼影射，但在潛意識中卻有不滿蔣家父子的東西。剛到台灣時，官方提倡反共小說，我也寫過反共小說。但我跟別人不完全一樣。四十年來，我從來沒有稱共產黨爲『匪』。我覺得應該尊重人家。我從來不認爲共產黨姦淫燒殺，反而認爲共產黨軍隊的軍容風紀，超過了當時國民黨的部隊。我在蔣經國領導的『中國青年反共救國團』服務過，切身感到蔣經國神經過敏得很。那時有一部西方影片，描寫拿破侖被囚於一個海島，他的情人去探監。男演員好像是馬蘭・白龍度，女演員是蘇菲婭・羅蘭。蔣經國徵詢我們對影片的意見，我們說看不出有什麼問題。蔣經國說：『這是在諷刺我們退居海島呀！』這部影片於是就被禁演了。離開『救國團』以後，我去了〔自立晚報〕。報社經費支絀，發不出薪水。報社在長安東路口，我家住在通化街。乘公共汽車要花一塊錢買票，我就窮得掏不出這一塊錢，只好花兩小時步行回去。爲了生活，我開始寫雜文，因爲報社可以不發工資，但不能不發稿費——不發稿費就沒有人寫東西了。那時台灣警察局門旁都掛着一塊牌，上面寫著『作之師，作之君，作之親』。你一個警察要作老百姓的師長，你有多大學問呢？『作之君』，你想當皇帝嗎？『作之親』，你還要當老百姓的爸爸？我用雜文諷刺這種畸形社會現象，引起了廣泛共鳴，以致『三作牌』成了警察的代名詞，所以警察對我恨之入骨。久而久之，官方對我產生了一種印象：這個人有反政府的傾向。我整天生活在風聲鶴唳之中，所以『大力水手』事件不是偶然發生的。官方一直在找我的毛病，這幅漫畫成了他們的一個把柄。」

爲了不致長久沉浸在對夢魘般歲月的回憶之中，我把話題引入對魯迅和魯迅作品的討論。柏楊說：「我自少年時代，便尊敬魯迅。我認爲魯迅是中國近代（二十世紀三十年代到八十年代）最偉大的作家，即令不是唯一，也是之一。我佩服他對惡勢力的戰鬥精神，和對社會問題的坦率檢討精神，以及『橫眉冷對千夫指，俯首甘爲孺子牛』的赤子精神，就是在台灣警備司令部軍事法庭上，我也沒有掩飾這份尊敬之情。有人將我置於魯迅的敵對面，這是不符合事實的。」

有人將柏楊在台灣的生活概括爲「十年小說，十年雜文，十年鐵窗，十年歷史」。他在五十年代多寫小說，反映在台灣的中國人因戰亂和貧窮而演出的悲劇，表現出社會上存在的種種不公平現象。除三毛、瓊瑤的作品外，柏楊的小說在台灣是銷售得最多的。去年我路經香港時，就正值根據柏楊小說〈異域〉改編的同名電影上演。柏楊說他的小說是學魯迅的，但有人認爲這樣講「是對魯迅不敬」。

柏楊說：「我的小說眞的受了魯迅的影響。在高中時代，我就讀過魯迅的小說，如〈阿Q正傳〉〈故鄉〉〈祝福〉〈藥〉〈孔乙己〉〈狂人日記〉。魯迅的小說數量不多，但就是那幾十篇小說，使我有個感覺：自從白話文運動以來，魯迅的小說還是最好的。魯迅的小說內容沉重，表現手法樸拙，每一篇含義都很深刻。現在的人看小說是爲了消遣，不愛讀沉重的東西，但看過魯迅的小說之後，你會感受到一種精神壓力。你要思考，不會很愉快。受魯迅影響，我創作小說，也是出於一種愛心和使命感，不考慮有沒有世俗利益。就技巧而言，魯迅的小說沒有說教的味道，是通過藝術形象在潛移默化中改變讀者；不像有的作家，用一種強硬架勢把自己的信念灌輸給讀者。其次，魯迅的小說用字簡潔，常常第一句話就能把讀者抓住。我不喜歡日本小說，因為日本作品拖泥帶水。我的小說就是用簡潔的手法。總之，跟前代作家相比，跟同代作家相比，魯迅的小說都是非常傑出的。我對魯迅小說的唯一褒貶，是他用詞有時稍嫌僵硬，其它地方我都很喜歡。不過，影響我小說創作的東西很多，如傳統小說，西方小說。西方小說中對我影響最大的是《基督山恩仇記》。大仲馬那種運用巧合的技巧對我有很大啓發。」

柏楊是因六十年代創作雜文而名噪一時的。他揭露了中國幾千年「醬缸文化」所造成的人性弱點，觸及了一些很尖銳的社會問題。雖然他自認為他的小說和雜文「都很成熟」，但一般讀者多偏愛他的雜文。一般評論家很少提及柏楊的小說，甚至在一部六百二十五頁篇幅的《台灣現代小說史》中，也找不到柏楊的名字。我問柏楊：「論者都把你的雜文和魯迅雜文進行比較，而你卻似乎否認魯迅雜文對你的影響，你對魯迅雜文究竟如何評價？」

柏楊說：「就文化發展的規律而言，後人都會受到前人的影響，或接受，或反對，或接受一部分，不可能完全不受影響。我的雜文當然會受魯迅影響。但比較而言，我喜歡魯迅的小說。魯迅的雜文滿貴族文化的，也可以說是高級知識分子的雜文，不是三教九流什麼人都可以讀懂。上高中時，我也接觸過魯迅雜文，但讀起來感到很艱難。待到我能讀懂的時候，我已經看不到魯迅的書了。台灣查禁書刊禁得非常徹底，魯迅著作不是輕易可以找到的。就魯迅而言，他的小說對我影響很大，雜文對我影響較小。我現在看到三十年代魯迅那些人批判社會上的惡劣現象、批判國民黨的文章之後，感到非常痛心，不是覺得批評過分，而是說那時批評過的東西，有些現象還存在，有的甚至變本加厲。我讀這種文章，常替我們的文化人難過。這種痛苦體現着文化人的一種失落感。」

我好奇地問：「既然魯迅雜文對你影響不大，那又如何看待你的雜文跟魯迅雜文的諸多一致性？比如內容的批判性，語言的反諷、妙喻、文白夾雜……」柏楊說：「一九八一年我去美國。有些朋友也問過類似問題：『你以前沒有到過美國，爲什麼會有民主觀念？』我那時想，亞里士多德、孟德斯鳩等人，他們也沒有到過美國，爲什麼也有這種想法？魯迅的想法不是純屬於他個人的，只不過他有機會講出來，有膽量講出來，有膽識講出來。講出來後，一般人可以溝通，可以爲人接受。文學作品反映問題都存在於社會，很多人都想到了。如果除作家本人之外沒有其他人想到，那文章就不可能引起共鳴。」

我接着又把談話拉回到柏楊雜文跟魯迅雜文的具體比較問題。柏楊隻字不談他的雜文是否超越了魯迅，僅就後人能否超越前人的問題，發表了他的看法。他說：「有人一直質問我，你配跟魯迅相比嗎？我想，如果我崇拜的魯迅還存在的話，他會責備這種說法。怎麼不能比較呢？後人永遠應該超過前人。我認爲魯迅是可以批評的。如果變得不能批評，魯迅也就喪失了生命。魯迅的價值如果用不許批評來維護，那就會變得沒有價值。我們應該從批評中發掘出一個眞正的魯迅，有價值的魯迅！」

由魯迅可不可以超越的問題，又引發出柏楊對中國文明的一番議論。柏楊說，中國是一個充滿聖人崇拜的國度，而「聖人」只許有一個，不許超越，不許冒犯，武俠小說裡的人物，本領永遠不如他的祖師爺。「這種不能超越前人的思想，害了我們這個民族，所以我們這個社會裡，很難出現『吾愛吾師，吾尤愛眞理』的人物。我認爲下一代一定要比上一代好，否則社會就是個墮落的社會，民族就是個墮落的民族。」我告訴柏楊，魯迅本人就是反對神化任何歷史人物的。當年新月派人士把泰戈爾說成活神仙一樣，魯迅就很不以爲然。魯迅一貫把自己和他的作品看成進化鏈條上的中間物，他又把自己比做梯子、墊脚石，說明他認爲後人可以超過前人，希望後人跨越前人。至於現在是否有其他作家在總體成就上可以跟魯迅比肩，那當然是一個可以討論的問題。我說這番話的時候，柏楊注意地聽著，不時點點頭。

談完魯迅，我又問及在前代思想家中，有沒有對他影響較大的人。柏楊說：「我覺得影響我的人挺多，比如郁達夫的頹廢思想對我就有影響。不過，我是一個廣收博采型的人，就像吃飯一樣，什麼都吃，這是我的優點。缺點是我沒有師承，沒有師承，可以不受束縛，但困難之處是什麼問題都要自己解決。有一次，我去舊金山參加一個講習會，談到我對儒家的看法。大會主席馬上宣布退離主席的座位。我很吃驚，他解釋說，按西方的規矩，主席如果跟講演者的意見相反，必須先退出主持地位才能發言，接着就有幾個女孩子陸續站出來反駁我的觀點。後來我才知道，這些女孩子全都是這位主席的研究生。這是我生平第一次感到師承方面的壓力。這次我去新加坡，他們送我一份簡報，上面印有一個大標題：一個柏楊成不了勢，這是因爲東海大學前任校長說過，柏楊反儒家，理都不要理他，他一個人成不了勢。所以我感到師承的壓力。我認爲師承這個東西可能造成學閥，造成思想禁錮。」

不知不覺，談話持續了一個多小時，到吃午飯的時候了。柏楊夫婦請我們在家裏吃火鍋：在電磁爐上涮蝦、魚片、肉片，以及粉絲、豆腐、青菜。席間充滿了家庭似的親切氣氛。柏楊不是慳吝人，但他不講究吃穿，平日吃份榨醬麵就滿足了；原來唯一的消耗就是抽烟，有一天忽然烟也不想抽了。

吃完飯，我們又聊了近一個小時，我問：「如果以入獄前、獄中和出獄後爲界限，將你的著作分爲三個時期，這三個時期中你作品的內容和形式有什麼變化？」柏楊說：「我想應該是沒有什麼變化。至少抗議性是一貫的。我有一位朋友說過，柏楊永遠跟別人不一樣。我也覺得或許和別人不一樣。因爲跟別人看法不同，所以總和人家抬桿。但從另一個角度看，人本來就應該有自己的想法。」我問：「您的作品中除開歷史題材占有很重要的地位以外，婦女題材也很多。您是不是認爲在當今社會中婦女問題占有一個很突出的地位？」柏楊回答：「人類社會過去以家族爲單位，現在以家庭爲單位。在這種情況下，婦女的地位當然很重要。當代婦女有兩個特點，第一是大多受過教育，第二相當多的婦女很能幹，有的比男人還能幹，所以男人需要了解現實狀況，了解社會結構，如果不能面對現實，除了會給自己帶來苦惱，還會給對方帶來苦惱。」

告別之前，我還問了一個柏楊的讀者們普遍關心的問題，就是他目前在做什麼？今後計劃做什麼？他回答道：「從一九八三年到現在，我一直在用白話文翻譯〔資治通鑑〕，工作持續了八年，現在已經寫到黃巢起義了。原計畫寫三十六册，後決定增加到七十二册，目前寫了六十一册，還差十一册，計畫兩年內完成。這樣，編寫白話〔資治通鑑〕，前後要花我十年時間。現實題材我不寫，現實政治問題我也不過問，除開朋友聚會，其它活動我都不參加。目前除開吃飯、睡覺，就是寫作，每天寫四千至六千字。過去一個月出一本書，自己校對兩遍。現在有兩個助手，一個幫助處理雜務，一個協助翻譯〔資治通鑑〕。」我追問：「你說你對現實問題不寫也不問，那你改寫〔資治通鑑〕是不是也有一定的現實意義呢？」柏楊說：「我想是有的。首先〔資治通鑑〕本是用文言文寫的，在司馬光的時代就已經沒有幾個人能看得下去。我坐牢時讀過這部書，眞是看不懂。看不懂就等於死亡。我現在把這部書的文字變成白話文，又使它生龍活虎，重新注入生命。這就打破了思想界、史學界對這部書的貴族的壟斷，讀者從中可以破解很多東西。其次，我想借助這部《通鑑》，把中國傳統文化的弊病，一個一個揭示出來。我想這是爲我們國家做了一件很大很大的事情。聽說毛澤東就讀了幾遍《資治通鑑》！」我說：「是的。毛澤東說《資治通鑑》這部書寫得好，叙事有法，可以從書中的歷史事件中，吸取經驗教訓。魯迅也讀過這部書，從中領悟到中國人乃是食人民族，於是寫了《狂人日記》。魯迅把讀古書比喻爲刨祖墳的工作，刨那些壞種的祖墳。」

臨別時，柏楊和他太太各自送了我一些書，一一簽上了名。他太太又親自駕車送我下山。他的太太早年畢業於台灣師大中文系，後來教過書，編過刊物，現在專門寫詩，出過《不眠的青青草》《愛荷華詩抄》《千般是情》等詩集，都印得很精美，他太太告訴我，大陸最近出了她一部詩選，印數相當可觀，詩集能有如此發行量，是一件很不容易的事情，可見大陸不僅擁有廣大的商業市場，也有一個遠遠超出於台灣的文化市場。我問他太太，柏楊原名郭衣洞，他爲什麼會用樹名作爲自己的筆名？他太太說，大概是有一次郊遊，他看到路邊的柏楊，心情爲之一振，後來就取了這樣一個筆名。

我第三次見到柏楊是在一月二十八日，我離開台灣的前夕。柏楊帶了一位小姐在來來大飯店的翠園餐廳跟我相見，托我帶一些賀年卡、圓珠筆之類的小禮物給他在大陸的友人。柏楊曾於一九八八年十月重返睽別達四十年的祖國大陸，在祥和的氣氛中會見了他的親友。我打聽這位小姐是誰。原來是他跟前妻生的女兒佳佳。柏楊當年在獄中經常跟佳佳通信。一九七四年十月四日，柏楊在〈青年戰士報〉第七版看到一張照片：屏東縣六歲女孩林月華患血管瘤，露出可怕的病腿在哭。他也忍不住哭了，立即要佳佳送給這位小女孩能力所及的幫助。信中說：「這小女孩就是我心中的小女兒，我能看到她得救，死也瞑目。」一九七六年十一月十六日，柏楊在報上又看到竹東鎮大同路七一〇巷七號有一個十二歲的小女孩徐佳銀，右腿紅腫得跟腰一樣粗，家產已經用盡。他又寫信給佳佳，要她速送徐小妹五百元，作爲捐款。「此錢固杯水車薪，但是表示人情溫暖和對她的關心，盼能提高她的求生意志」。見到柏楊，又見到了佳佳，我不禁想起了魯迅在〈而已集・小雜感〉中的兩句話：

創作總根於愛，

楊朱無書。

人文素養與企業之間

許裕祥

——一九九一·七·台北〔統一企業月刊〕

問：企業裏除了需要精通行銷、管理、財務、電腦、研究等人才外，重視人文素養，對企業可有何幫助？

柏：台灣目前似乎很少企業家，大多數都是暴發戶和傳統的生意人，在這些人的頭腦裡，人類行爲唯一動力是賺錢、賺錢，除了賺錢，還是賺錢。所謂暴發戶和傳統的生意人，也就是俗話說的「有錢人」「財主」「富翁」。台灣的「有錢人」比起日本，簡直是小巫，然而，報上說，即使是台灣富翁羨慕得要死要活的日本富翁，也不過是簡單的富翁而已，沒有國際尊敬，也沒有承擔國際義務的遠見，終於回歸到「除了錢，什麼都沒有」的原始位置。台灣富翁更不要提了，這不是說台灣根本沒有企業家，而只是說台灣企業家不多。台灣富翁以前所理解的只限於「行銷」「管理」「財務」「電腦」「研究人才」，和希望創造更多的財富。我不是說這些不重要，恰恰相反，它們當然重要，大陸社會主義所以使人民陷於萬劫不復的窮困，就是因爲他們缺少這些。不過，僅有這些並不能使企業更有前瞻，這些僅只是企業的基礎。

人文主義才是企業的土壤，人文是文藝復興時代的主題，世界上只有兩種人輕視人文主義，一是有錢的人，一是有權的人，十八、十九世紀資本家就是站在「純賺錢」立場，把人文主義壓在脚下，僱用童工、剝削女工、壓低工資，不把工人當人尊重。結果引起社會主義反撲，馬克斯學說（有錢有權的人，最看不起窮書生的學說）出現，爲全世界千千萬萬資本家，帶來血腥災難，以致資本主義制度不得不徹底脫胎換骨。台灣社會生態已從對抗「有權人」的戰爭，逐漸轉向對抗「有錢人」，現在只是開始，可能還沒有人察覺到，但一旦察覺到，化解它就很困難。人生，除了賺錢，還有別的目的，而且，如果深入人文領域，它還會賺更多的錢。富翁的土壤是貧瘠的，企業家的土壤才富饒，那是人文主義的土壤。然而，錢賺不完，錢多到成爲帳簿上的數字之後，就必須有人文主義精神，否則就變作「赤裸的金錢」，將使生命陷於空虛、恐怖、六神無主。在社會上更可能引起馬克斯、列寧式效應，一個有眼光的企業家，他會想到自己的責任。

問：你心目中的企業人文精神是什麼？

柏：人類跟蟒蛇不一樣，蟒蛇除了吃飯和交配外，仍是吃飯交配。人類則除了吃飯和交配外，還有別的。在財富的觀念上，情況相同。有錢人（傳統生意人）除了賺錢，還是賺錢，有人文主義方向的企業家則不然，他除了賺錢，還有別的。這個「還有別的」，決定這個人的價值：是尊貴或是庸俗？連西西里黑手黨頭目，晚上在家也閱讀小說或詩，連王子都正襟危坐聽交響樂，而我們台灣有錢人閒暇時幹什麼？大多數都限於女人和酒，這不但使「富不過三代」諺語得以應驗，而且也構成社會不穩定——因爲財富不能累積。我佩服卡內基先生，他知道如何賺錢，更知道如何花錢！

問：人文生活的重點何在？

柏：沒有人文生活的人，跟一條蟒蛇一樣，只有本能的訴求和感官的刺激，太多這樣的人構成的是一個庸俗的社會，和充滿危險的社會。「赤裸的金錢」和「赤裸的權力」同樣可怕，它會引起反擊，猶如馬克斯思想反擊舊資本主義一樣，人文主義是一種營養劑，用一句中國老傳統的話說明：「財潤屋，德潤身」，應尊重其他的人，尊重社會。而這不是每一個有錢人都可以辦到的，當然，也正因爲不是每一個有錢人可以辦到的，財富才會因敗家的管道流回民間，使社會得以自然平衡。不過我們卻希望每個有錢人都辦得到，在人文主義企業家手中的財富，才是眞正的財富，它是由回饋的管道流回民間，而不會變成災難（對自己或對別人）。

問：「美是情感的表現」「美是生活」，請問「美」該如何落實在生活或工作之中？

柏：在政治上，什麼奇怪的定義和見解，都會出籠。諸如：殺人就是美，尤其當殺的是「反動份子」時就更美。一旦到了允許這種觀念存在的時候，這個社會的病就已沉重，要受大苦大難才能再生。人生中，美是一種絕對值，是學習的手段，也是學習的目標。我們必須成爲一個夠水準的鑑賞家，生命才有意義，欣賞別人的愛心、欣賞別人的感恩心、欣賞別人的美！鑑賞心建立在美的認知上，卻也需要批評惡、唾棄惡，不向惡屈服。有太多時候，惡比美更誘人，而人文主義正是要培養生命或生活中的美。一個人心裡想寬恕另一個人時，他臉上流露出來的就是美，而當他要陷害一個人時，我們可從他臉上讀出猙獰。我把它簡單化爲一件事，說出來相贈：

請你笑一笑，笑，就是美！

〔柏楊版資治通鑑〕即將完成

何　倫

——一九九二・四・台北〔中國時報周刊〕

台灣最知名的作家柏楊，被〔紐約時報〕形容為觸怒了兩個中國的人物。柏楊入獄期間，專心致力於歷史研究，出獄後並發願完成〔資治通鑑〕的翻譯工作；今年（一九九二）年底，這件為期十年的文字大工程就要完成。

小時候讀柏楊的書是出於好奇，為什麼好奇？因為是禁書。書和人都被關進地牢，可是他的思想、看法，卻在許多知性的討論中，被耳語偷偷地夾帶出來。他一生歷經無數次戰亂、災厄，更在海內外掀起無數次洶湧的論戰風波，媒體曾經稱之為「柏楊颱風」。

走訪柏楊，他現居的「攬翠樓」坐落在僻靜的重山之中，柏楊指着身上穿的一套寶藍色休閒服，笑說：「以前還不知道有這麼好的衣服，穿起來這麼舒服，做事也方便。」他，一副氣定神閒、從容自在，正像是清朗寧靜的颱風眼。要探訪柏楊複雜詭奇的一生，依他自己的說法，大概可以分成入獄前（一九六八之前）、獄中（一九六八——一九七七）、以及出獄後（一九七八迄今）三個階段。

就從他爲什麼從事寫作、如何成爲「作家柏楊」開始說起。如今年逾七旬的柏楊，在回首年少的自己時有所感歎：「人生有時候是身不由己的，很多願望往往不能實現，很多事情總在預料之外。從小我最希望的就是成爲籃球健將，可是，一來身體不好，二來是沒有機會，所以沒有當成。」籃壇明星夢醒了之後，另一種興趣卻開始佔領他的生活，甚至於主導了他日後的人生，那就是：閱讀與寫作。「記得剛到台灣時，連走在中山北路上都邊走邊看書！」讀而優則寫，對柏楊來說，寫作不僅基於興趣，也因爲遭逢國家傾危之際，作家的筆多少背負了時代的使命感。

五〇年代初，柏楊開始用本名郭衣洞發表小說，他認爲小說應該是忠實地反映時代和人民的悲喜與文化內涵，於是產生了描寫四〇年代大陸移民坎坷際遇的〈掙扎〉，闡揚親情、友情的〈天涯故事〉，以及〈秘密〉〈曠野〉〈怒航〉……等。六〇年代開始，他以柏楊爲筆名先後在〈自立晚報〉〈公論報〉開闢專欄，「之所以由小說改爲寫雜文，是因爲雜文像匕首一樣，可以直接插入罪惡的心臟。」他用潑辣犀利的文字和嬉笑怒罵的形式來洞察世態官場，一刀刀砍開劈下，透析當前中國人的種種醜陋本質，針砭社會亂相的病源，大膽地把中國文化比喻爲「醬缸」，批評醬缸成分中的尊卑觀念、功利思想、個人主義、女性壓迫、不講是非、兩副嘴臉、缺乏靈性……。

的確，柏楊是把匕首插進了罪惡的心臟，可是罪惡的背後，往往隱藏着一股如巨靈般的權力，吞噬所有正義之劍；在那個光天化日下，不許人說實話的時代，柏楊被關進了暗無天日的牢獄之中長達九年……。

柏楊的雜文議論，擊掌稱是者有之，駁斥指責者有之，但是，在那個風聲鶴唳人人自危的時代裡，他能勇敢地執筆批評、反省社會現狀，對抗當權者的思想霸權，是值得肯定的。

柏楊曾開玩笑地說道：「我最大的過錯，就是我太愛我的國家。」

一九六八年，柏楊在《中華日報》家庭版翻譯美國金氏社發行的〈大力水手〉漫畫，內容觸怒了當局，被扣上「匪諜」的帽子，以叛亂罪嫌起訴，囚禁火燒島，直到一九七七年四月一日才獲釋。

始終以「反共」自居的柏楊，卻因「共產黨間諜」的罪名而被構陷入獄，是個人的悲劇，也是政治的諷刺，《紐約時報》形容他是「一個作家觸怒兩個中國」。

提起火燒島的監禁生活，柏楊仍用一貫的幽默語氣說：「坐牢的時候不能兼差呀，我只好專心坐牢。」聽來雲淡風輕，但是我們從他在獄中的詩作，可以體會他當時的處境與心情之難堪：

「伏地修家書，字字報平安。字是平安字，執筆重如山。人逢苦刑際，方知一死難。凝目不思量，

且信天地寬。」（〈家書〉）

其實，有形的牢房拘禁不住人心意志，在接受苦刑之際，柏楊仍是「且信天地寬」。當時雖然失去行動的自由，地牢裡四面徒壁，無桌無椅，可是柏楊仍然在獄中「就地」完成了三部歷史研究叢書：《中國人史綱》《中國歷代帝王皇后親王公主世系錄》《中國歷史年表》。柏楊的歷史叢書最大的特色是以公元的「世紀」，作爲歷史事件的時間位置，年號並列於括弧中，以此解決年號、國號造成的混淆，另外，在敍述上他秉持幽默機警的文筆風格，擺脫一般學院派的僵澀論述。

除了作家的身分，柏楊也是一位父親。入獄期間他最掛念的，是那時年僅八歲的小女兒佳佳，便定期藉由家書爲女兒說故事。《小棉花歷險記》是一部活潑生動的童話，他用擬人化的象徵來敍述世間的愛心與慈悲。佳佳曾經在信中問父親：「小白兔——小棉花就是我呀？」柏楊回答她：「兒呀，小白兔有時候是妳，有時候不是妳。」柏楊一改他辛辣的語調，把他對人生的洞察，化爲溫柔奇幻的童話世界。但是由於後來看守所對來往信件的字數嚴格管制，使得《小棉花歷險記》被迫中斷。聽我提起這本未完成的童話，柏楊立即露出驚喜之色說：「只有父母對兒女的愛是完全無私的，沒有階級利害之分，唉，也不知道有沒有機會再寫童話？」說到女兒，柏楊的眉眼音調都流露出慈愛的神采，「你知道嗎？佳佳在澳洲也生了女兒了。」我想，對身爲父親的柏楊來說，《小棉花歷險記》只會繼續，而不是完成吧。

出獄後，「中國大陸問題研究中心」聘柏楊擔任研究員，他又陸續在《中國時報》《台灣時報》上撰寫專欄文章，在八〇年代初的幾場海外演講，使他再次成爲媒體的焦點人物。不過，眞要談起柏楊在八〇年代的成就，當是自一九八三年起着手翻譯的《柏楊版資治通鑑》，由遠流出版社出版，至今已邁入第十個年頭，預定在今年(一九九二)年底完成。

又是一個十年的時光。談到當初決定翻譯的動機，「很簡單，因爲看不懂，其實不僅我看起來困難，有些大學中文系、歷史系的教書先生也覺得吃力，他們甚至用斷簡殘篇的方式來看，譬如說，把奏章的部分省略，或是只挑他要引用的地方看。少數人只要一援引《通鑑》上的一句話或一個故事，就會讓人覺得他學問好大呀。就是這種人，絕不希望你把它翻譯成大家都看得懂的東西，如果大家都看得懂，他就沒得戲法可變了。」

《資治通鑑》這樣一項中國文化傳襲的寶藏，卻成爲知識貴族壟斷的知識。打破知識壟斷，是柏楊致力將其翻譯爲現代語文的原因之一；其二是，「當我們認爲現在的讀者對書的要求太膚淺時，作者其實應該要負責，因爲你沒有供給他有深度的作品，作者本身的見解和表達能力都非常膚淺，讀者當然只好接受這樣的口味。」因此，開始了皓首窮經的龐大工程，不僅希望忠於原文，譯出一部可以替代原文的《資治通鑑》，還以生花妙筆使它簡單清楚，透顯神韻，以便讀者不依靠其他工具書，就可以暢讀無礙。

長達一千三百六十二年之久的〈資治通鑑〉，是一本「中國人中古時代編年史」。柏楊認爲司馬光最令人折服之處，在於能夠從盤根錯結的歷史當中，整理出一個脈絡來。但是每個人都有他的侷限和盲點，司馬光也不例外，他的思想一直是以儒家的忠君觀念爲主，這種儒家傳統的侷限也成爲他的侷限。例如，儒家推崇堯舜作爲最高的終極典範，爲了突顯聖人的神聖偉大，樹立了一個不容批評，卻又達不到的境界，反而阻礙了追求理想的發展。因此在這一套經過現代觀念浸潤的〈柏楊版資治通鑑〉中，他不僅用現代的白話文來重現史書，書中別出心裁的〈柏楊曰〉更彰示柏楊意欲藉古鑑今的企圖。這個〈柏楊曰〉不只用來眉批〈通鑑〉所記載的人物掌故，還經常接在〈司馬光曰〉的後面出現，對司馬光原來所作的批評和解釋，進行「再批評」，詮釋出另一個更符合現代民主政治的觀念來。

〈資治通鑑〉讀之不易，註釋雖有幫助，但註釋本身也是古文古語，照樣看不懂。柏楊認爲文言文最大的缺點是說不清楚：「文言文常常出現一些不肯定的東西，邏輯上模稜兩可，舉例來說，當它說『金銀、珍寶、糧食、綢緞三千萬』時，這三千萬的單位是什麼？是三千萬擔？三千萬斛？三千萬匹？三千萬段（四匹是一段）？還是三千萬兩？三千萬斤？另外，官名制度上也有許多困難，比方說『太子洗馬』，光從字面上看，不易了解，若只說這是一種官，仍會淋得滿頭霧水。哦，那是不是也有『公主騎驢』的官呢？所以把它直接翻譯成『太子宮圖書館館長』，下面再用括弧列出原文，就立刻結束這樁驢馬爭議的公案。」

問他如何從歷史的眼光來審視台灣當前的處境，我們是不是能從歷史的教訓中避免日後的悲劇呢？「這涉及歷史是否重演的問題」，柏楊解釋，「有些時代之間具有相似之處，可是並沒有完全相同的歷史，所以，儘管我們可以從歷史之中尋繹出通例來，但每一個時代本身又是一個個案。」他指出，就像台灣目前正遭逢五千年來所沒有的變局，可是變局並非自今始，早在百年以前，就已發生，只是近百年來加強速度，歷史可以說是重演，也可以說是並未重演。在這個民主時代中，最重要的是代表民意的選票，因此每個人都需要訓練成一個能分辨各種主張的「鑑賞家」，鑑賞的第一步應該回到歷史去反省，從中明白民主時代中的權力結構和來源。

儘管也有許多人對〈柏楊版資治通鑑〉的考證存疑，甚至撻伐這樣一個「寫雜文的」怎麼有能力翻譯〈資治通鑑〉？可是，當懂的人只會擁史自重時，柏楊的努力至少讓這本史書在民間復活，而且平民化，他也說了：「十年只不過是結束出版工作，以後還需要再接受各種意見及考證，隨時進行修訂。」

永不止息對世人的關愛

——一九九二・四・二三・台北〔聯合晚報〕

柯慈音／整理

柏楊，這位盛極一時的大作家，坐過九年牢獄的政治犯，現正在從事翻譯歷史鉅著〔資治通鑑〕的讀書人，被香港、大陸人民視爲民族救星的傳奇人物；他，到底是怎樣的一個人呢？我們且試着從柏楊幾個面向來了解。

熱情豪爽的北方人：從〔通鑑〕第一期就擔任柏楊助理，和柏楊合作將近十年的譚焯明，笑着說：「柏楊是個愛喝可樂的老頭，吃麵的聲音響徹雲霄，愛講故事、說笑話。」柏楊是個標準的北方人，性情豪爽，說起話來，驚天動地的，講起歷史故事更是激動得不得了，而且熱情洋溢，是屬於行動派的。小譚說，柏楊七十歲那年，還跑去燙頭髮，穿着花襯衫、短褲，到街上逛街，一點都不顯老，年輕得很呢！

心胸寬大的讀書人：擔任〔柏楊版資治通鑑〕執行編輯多年的麥光珪說，柏楊最大的優點是：包容量大，有寬廣的胸襟，能接納不同的意見。小譚也有同樣的想法，他說，就以〈通鑑廣場〉這個單元來說好了，他廣泛接受不同讀者的來信，只要讀者說詞有理、考據正確，就會採納對方的意見，並不因對方的學經歷，而有所質疑。正因爲柏楊這種「兼採衆議」的個性，使他的史觀更宏廣，不侷限於一隅，更使得〔柏楊版資治通鑑〕愈臻完善。

意志昂揚的職業作家：柏楊夫人張香華女士曾說：「柏楊給我的印象，經過頻繁的接觸而逐漸改變。初識時候的風度翩翩，已慢慢褪去，代之而起的是堅定、硬朗，而意志昂揚。」柏楊是一個勤奮的職業作家，每天除了工作還是工作，其堅持度、衝刺力，絕不亞於年輕人，翻譯〔通鑑〕的這十年歲月裏，他的天地就是「一支原子筆、一疊稿紙、一盞孤燈：從早上坐下來，直到深夜，除了吃飯或去洗手間，很少離開這個渺小的世界：困倦時，就靠在椅背上打盹，如此，日復一日，年復一年」（柏楊自語）。今天我們得以輕鬆閱讀〔資治通鑑〕這部經典寶庫，應該感激柏楊所付出的心血。

溫柔感性的性情中人：豪爽、率直的柏楊也有其溫柔感性的一面，例如他會在吵雜的街頭傾聽一個賣口香糖孩子講述自己的家庭狀況，他會溫柔地撫弄家中美麗的暹邏貓——熊熊。甚至在牢獄之中，也以父親的身份，用有限的文字（獄中限制家書字數）慈祥地爲至愛的小女兒講故事（〈小棉花歷險記」)。如果你曾讀過柏楊的獄中家書，一定會爲柏楊那種雖身處囹圄，仍能爲報紙上一名小女孩的不幸遭遇而痛哭，並叮囑女兒要盡力去幫忙的情操所感動。柏楊就是這麼一個溫暖而熱誠的人。

心懷感恩的人：張香華女士說柏楊：「他是一個懂得感恩的人，對人和藹，性格積極。」柏楊確實是很懂得感恩的人，回顧〔通鑑〕十年生涯，他並不提自己的功勞，反而絮絮叨叨地列了一串感謝名單：「感謝詹宏志的分册設計，讀者的指正，王榮文的支持，小麥、小譚的細心協助，社會的進化，簽字筆的發明，電腦排版，……等等。」

以上是柏楊幾個不同的面向，希望能幫助您更了解他這個人。

中國式權力遊戲的教科書

柯慈音／整理

——一九九二・四・二三・台北〔聯合晚報〕

歷史學家唐德剛先生曾指出，如果有人要他擬一份「國學基本書目」，他會「一書定天下」，只推薦〔資治通鑑〕。

九百多年前，宋朝的司馬光先生以無比的魄力和高瞻遠矚的眼光，率領一群知識淵博的史學專家，花了十九年的功夫，着手編寫這部歷史鉅著。由於這部涵蓋中國一千三百六十二年的歷史，是中國文化、政治、經濟、人物性格的總縮影，因此它不僅是一部歷史鉅著，也是一部經世治典、一部品人明鑑，更是一部中國式權力遊戲的教科書。熟讀此書，便同時獲得中國歷代傑出人才的總智慧，讓您在人生舞台上，更能掌握機先，縱橫八方。

然而，十一世紀所流通的文言文，對現代人來說，顯得十分晦澀，不論是官名、地名、天干地支等等，常搞得現代人一頭霧水，翻不了幾章便掩卷長嘆，使得這個寶庫幾乎塵封於書海之中。

基於這些理由，柏楊發願把〔資治通鑑〕譯成現代語文，讓更多的人能從中受益。〔柏楊版資治通鑑〕出版不及數月，就被〔新書月刊〕同時選爲該年度（一九八三）「出版界十二大新聞」和「十大最具影響力的書」，引起廣泛的迴響，而〔柏楊版資治通鑑〕一至六册，更蟬聯金石堂暢銷書排行榜榜首長達半年之久。這股旋風也吹向海外，美國、香港、新加坡等各地報章雜誌皆有大量的報導，而大陸「中國友誼出版公司」甚至每册印製十六萬九千册，都在短時間內，銷售一空，〔柏楊版資治通鑑〕的魅力可見一斑！

到底〔柏楊版資治通鑑〕的魅力何在呢？且讓我們瞧瞧這套書的六大特色：

一、生花妙筆的譯文。柏楊本身是使用現代語文的能手，加上沒有學院派的歷史包袱，譯文明白曉暢，引人入勝，就如同讀歷史故事般，輕輕鬆鬆讀完，卻啓發無限。

二、援用現代詞語注解。一般古文的白話譯寫工作，最令人詬病的是：年代不清、月日不明、官名不譯、地名不注、文詞不通，看了半天還搞不清楚「丁卯」是那一天？「僕射」是什麼官位？「太子洗馬」又是做什麼的？柏楊爲了讓現代人更方便閱讀，一律採用西元紀年，廢除「干支」「年號」等令人搞不清楚的紀年方式；一律採用今天通行的名稱，使讀者望而生義，有清晰的觀念；官名一律用現代人所能觸類旁通的職稱，直接告訴讀者這官兒是做什麼的。由於柏楊這些努力，掃除了古文魔障，讓現代人更容易理解。

三、廣採衆議的〈通鑑廣場〉。在每冊書後，開闢有〈通鑑廣場〉專欄，提供讀者們發表意見的園地。有些讀者來函指正排版上的訛誤，有些提供考證上的意見，有些表達對歷史的看法，有些更是寫信來爲柏楊打氣。如果讀者的指正是正確的，柏楊就會採納他們的意見，讓〈資治通鑑〉的譯本更趨完美。

四、用現代眼光來評論歷史。在每本書裏，我們不時會看到以〈柏楊曰〉的形式來評論歷史上的人與事，以柏楊多災多難的生涯和豐富的人生閱歷，這些評論往往一針見血、精彩無比，頗有畫龍點睛之妙。

五、繪製豐富的歷史地圖、歷史圖片。爲了讓每次戰役、每個歷史事件更鮮活、更富立體感，柏楊總是不惜花費更多心血來繪製地圖，收輯圖片。有了這些地圖、圖片的幫助，彷彿歷史就在眼前，毫無隔絕感。

六、分册的概念。參考〈澳洲版牛津大字典〉的作法，將〈資治通鑑〉這部重頭書分成七十二分册出版，每一分册都有精彩的歷史故事，你可以任挑幾册閱讀，每册都能給你智慧的啓發。

古人留下如此豐富的史料、歷史教訓，如果我們不能從中汲取智慧，那將是多麼遺憾的一件事！

且拭詩塵迎桂冠

黃靖雅

——一九九二・八・一三・台北〔聯合晚報〕

獄中九年，開始想寫詩的時候，連紙筆都沒有。他就用指甲劃在遇濕氣就會剝落的石灰壁上，寫到甲裂血出，留下一牆灰灰紅紅的「獄中詩」……多年以後，這些聊慰桎梏心靈的詩，得到「國際桂冠詩人獎」，理由是：一個充滿天賦作家根據眞實經驗的監獄文學，其中充滿堅定的指控和歷史研究。

有些時代過去了，只有文字和歷史能留下記憶……

二十四年前，柏楊在獄中。

那時〈大力水手〉漫畫案剛爆發。一九六八年元月四日，〈中華日報〉副刊刊登了一則美國金氏社的〈大力水手〉漫畫，描述卜派父子在一個小島上競選，翻譯者是柏楊。

其中卜派說的「fellows」一詞，柏楊譯成「全國軍民同胞們」，恰與當時總統蔣中正對全國演說時的習慣用語相同。不久，柏楊即因「以影射方式，攻訐政府，侮辱元首，動搖國本」罪嫌被捕。

被捕當天，柏楊以爲「去去就回來」，還請人代課，代他上當天應授的國立藝專文學概論課。沒想到，這一去，就是九年二十六天。

柏楊被捕後不久，被移送台灣警備總司令部軍法處，由軍事檢察官以「戡亂時期懲治判亂條例第二條第一項」起訴，要求判處死刑，最後被判處有期徒刑十二年，後逢蔣中正去世特赦，減刑八年，但柏楊實際坐了九年又二十六日牢才出獄。他所關的地方，正是俗稱「火燒島」的綠島。

柏楊說：「這件事現在聽起來像個笑話，當年卻很要命！」

就像〈大力水手〉在被打得鼻青眼腫的落難時刻，總要掏出他最後的依靠——菠菜，來反敗爲勝；生命歷程急轉直下的柏楊，爲了寄託滿肚子的不平，也爲了怕遺忘，在獄中開始寫詩。詩成了他精神上的菠菜，支撐他度過低迷的獄中歲月。

一開始，柏楊被留置調查局在台北三張犁的拘留所訊問。他想寫詩，卻連紙筆都沒有，他就用指甲劃在遇濕氣就會剝落的石灰壁上，寫到甲裂血出，留下一牆灰灰紅紅的「獄中詩」。

柏楊唯一的詩集〈柏楊詩抄〉中，〈冤氣歌〉〈鄰室有女〉等詩，就是二十四年前那些留在石灰牆上的血詩。後來柏楊移監火燒島，才有機會以紙筆記詩。這九年中繼續寫下的獄中詩，並非自由體的現代詩，而是押韻的五、七言古體律詩，及有詞牌的宋詞。

他在監獄斗室寫詩，有點像原始人的「結繩記事」，怕「獄中無日月，寒盡不知年」忘了不該忘的事；也想在現實的桎梏中，藉詩追求形而上的寬廣與自由——除了記錄與安慰自己，並未有什麼文學或永恆的企圖。

沒想到多年後，這些詩卻讓他得到「國際桂冠詩人獎」。

本年(一九九二)八月初，〈柏楊詩抄〉英譯本Poems of a period，獲得位於美國舊金山的「國際桂冠詩人聯合協會」，頒發他一九九一年「國際桂冠詩人獎」。這個國際詩人團體認爲，他的詩是「一個天賦作家根據眞實經驗的監獄文學，其中充滿堅定的指控和歷史研究。」

八月五日，柏楊妻子——詩人張香華，代表身體不適合長途旅行的柏楊，遠赴美國鳳凰城領獎並致詞。行前張香華開玩笑說：「我寫了大半輩子詩沒得獎，他總共才寫了一本就得桂冠——我嫉妒得很！」

這一次得獎，才喚起柏楊從目前進行中的〈柏楊版資治通鑑〉浩繁卷帙中抬起頭來，回顧他生命中唯一的寫詩歲月——獄中九年。他在張香華代讀得獎致詞〈詩人的祈福〉中，不無感慨地說：「我個人的悲劇發生在本（二十）世紀六〇、七〇年代，它是中國從傳統的醬缸文化，轉化為世界性民主、人權、自由、平等的巨變中，一個不可避免發生的獻祭。」

這個獻祭，可能是時代大河轉折前滾起的幾個浪花泡沫，卻是他一生最灰暗慘淡的時候。柏楊在斷續的沉默中回憶，入獄一年多，前妻帶着他們唯一的女兒與他離異；到了第三、四年，由於長期資訊隔絕，「晚上入睡後，連夢都沒有了。」第五、六年，自認意志力強悍的柏楊，閉鎖斗室日久，竟也開始不自覺地喃喃自語，精神狀態不穩定，有了瘋狂的前兆。

「人要瘋狂是不自覺的，」柏楊追述：「我請同房的牢友遇到我喃喃自語時，就隨時打醒我，如此才度過精神崩潰邊緣。」

那個寫詩的獄中歲月，在一九七八年柏楊出獄後結束。就像告別一段生命歷程，柏楊也自此告別詩，重新一頭栽進歷史的世界，以老辣的史筆，寫歷史、看時事，那段因文字繫獄的日子和那個時代，都一起在茫茫時光中退入歷史。

直到今年（一九九二）八月初，七十三歲的柏楊從花園新城的書堆和山色中抬起頭，發覺自己因為那些詩得到一頂國際詩人桂冠。時代雖永遠過去了，記憶卻留下來閃閃發光，什麼是永恆、什麼是短暫？什麼是得、什麼是失？——這些，都要退好幾步，在歷史的大時空中，才看得清楚吧。

柏楊說〔通鑑〕

黃靖雅

——一九九二・八・一三・台北〔聯合晚報〕

歷史教訓能不能教訓統治者？柏楊說：不能。
柏楊版〔資治通鑑〕是寫給誰看的？柏楊說：平民百姓。
轉譯工作不嫌浪費時間、心力嗎？柏楊說：只要我喜歡，爲人作嫁何妨！

歷史到底是不是一面鏡子，能不能提供統治者教訓？

「不能。」柏楊說。

這位今年（一九九二）即將寫完七十二本〔柏楊版資治通鑑〕的史學家，面對即將完成的十年〔通鑑》寫作計畫，他以老吏斷獄的洞察口氣說：「人類拒絕鑑往知來，私慾會使他看不見不想看的東西。除非他不在權利中，除非他是眞正的大智慧者。」老來花十年時間，寫現代語文本的《資治通鑑》，柏楊並不認爲這部宋朝司馬光原著的編年體史書，是古來人們認定的「帝王之學」。

自十一世紀宋王朝《資治通鑑》完稿以來，中國歷史上從未有任何一個統治者，從這部古人認爲的「帝王之學」，得到任何教訓。柏楊認爲，就連書桌上長年放着《資治通鑑》的毛澤東，也只吸收運用了《通鑑》中政治遊戲惡質的一面，完全沒有掌握到歷史演變的基本法則。他說：「讀通《通鑑》，怎麼會不知道任何用政治權力造成的榮耀和福威都會瓦解？——但所有暴君昏君，都相信他將是唯一的例外，認爲噩運不會發生在自己頭上！」

沒有例外。柏楊認爲，中國歷史上，從《通鑑》記載的三家分普到五代十國：「每次改朝換代都是惡質革命的重複。中國人的苦難，就在於沒有權力的制衡，而把希望寄託在領袖的英明上。」

問題是，這種「領袖的英明」是絕對不可靠的。他指出，包括締造「貞觀之治」的李世民，號稱最有容人之量，年輕時代可以滿臉笑容地察納諫言，坐上皇位十幾年後「就笑不出來了」，再過幾年，「一聽諫言，就臉色大變，聲言殺人！」

《資治通鑑》的本意是：幫助皇帝統治國家的明鏡。這部記事時間長達一千餘年的編年史，美國紐約市立大學歷史學教授唐德剛認爲，可以「一書定天下」，柏楊也認爲這是〈史記〉之後，最好的史書。」

由於〈通鑑〉向來被視爲輔佐統治、提供政治智慧的「帝王之學」，不但中國自宋以來歷代皇帝必學，明朝甚至每個皇帝從小都要背誦，當作「好皇帝ABC」來讀。不過，這些努力讀〈通鑑〉的皇帝，後來個個在人性盲點裡，跌入歷史的覆轍，類似的悲劇代代輪迴。這種歷史的荒謬性，在強調〈資治通鑑〉具有佐治功能的傳統下，特別顯得諷刺。

因此，柏楊說他寫現代語文本的〈柏楊版資治通鑑〉，是爲一般平民百姓而寫，不是爲統治者而寫。他認爲，〈通鑑〉提供的觀點智慧，可以讓人做個「清明的第三者」，對興衰成敗，洞燭機先，小至市井人事、大至國情世局，都可用大時空的角度冷靜檢查。更主要的是，柏楊認爲不要用太功利，太實用的態度對待歷史，歷史有更高的功能，它使人們有歸屬感。

寫現代語文本的〈資治通鑑〉，並非柏楊單獨一人，目前問世的已有國立台灣師範大學黃錦鋐教授所寫版、名遠出版社版，及大陸版三種。不過，由於柏楊在華文世界的知名度，他的老辣筆力數十年來已擁有衆多讀者，四個版本中仍以尚未出全的〈柏楊版〉較受矚目。

將文言文〈通鑑〉改寫成現代語文，基本上做的是「爲人作嫁」的翻譯工作，這對一個具有原創能力的作者，不嫌浪費時間心力嗎？

「不會，」七十三歲的柏楊微笑說：「只要我喜歡，爲人作嫁何妨！」

邱婷

苦心孤詣・古籍今譯

——一九九二・九・一九・台北《民生報》

浩瀚的中國史書，是不是像一具具「殭屍」？埋首翻譯《資治通鑑》近十年的作家柏楊，在工作幾近尾聲之際感慨地說，多年來雖然不斷有人反對這件事，但他毫不氣餒，孜孜矻矻地做下去，如今，他說：「這部史書終於復活。」

與《資治通鑑》朝夕相處了十年的柏楊，談起這部史書，「如人飲水」，他說，中國古代的知識分子一方面將文言文變成貴族文化，加以壟斷，另方面在少有人能懂的情況下，更作爲尊嚴的表徵；像民國初年，沒有黃金二兩，就別想購買這部書，而非官宦世家出身的一般讀書人，想讀《資治通鑑》，還得到縣立圖書館逐字抄回，「這一難得一讀的學問，經過將近一千年的陳封，豈能不面臨死亡危機？」他說。

柏楊深信，語言文字會隨着時代而變遷、發展，他說，不論是〈左傳〉〈尙書〉〈資治通鑑〉，不經過現代語文翻譯，有多少人能讀懂它？「有些教書先生說我不是學歷史出身，說我沒受過專業訓練的，不過是承襲古人知識壟斷的心態而已！」

爲使〈資治通鑑〉能活在二十世紀的今天，柏楊在幾位助理協助下，不顧後果地譯寫這部一千三百六十二年的編年史書，並由遠流出版公司出版發行，預計明年（一九九三）三月出齊。柏楊說，〈資治通鑑〉是中國最完整的一部史書，不僅知識分子讀它，中國帝王自宋神宗之後，更是要讀，甚至要背，因此，它又有「皇帝的教科書」之稱。據說，毛澤東讀了十七遍。

這部史書到底好在哪？爲什麼現代人要讀它？柏楊說，所謂「一書定天下」，正如紐約市立大學歷史系主任唐德剛所說，一輩子如只選一部史書讀，他就選〈資治通鑑〉。他說：「中國的智慧很多來自〈通鑑〉，讀此書可獲致兩大益處：一，擁有知識、智慧的財富，二，任何人不能唬你。」「如此重要的經典，卻因文字的晦澀難懂，無法予現代人分享，豈不可惜？」

柏楊指出，譯寫原典，貴在把生命眞理表達出來，而不是只把「曰」翻成「說」，「譯得精緻，譯得傳神，是一件重要的事。」

儘管學界講究讀原典，從未正面提出對〈柏楊版資治通鑑〉的看法，但早在柏楊着手譯寫工作展開一年半之際，國內即出現兩種譯本，及大陸北京改革出版社〈資治通鑑〉另一種譯本，由此看來，原典新譯，在現代社會中，仍扮演重要角色。

用二十世紀的語文來寫十一世紀的歷史，會有什麼困難？

自一九八三年起着手譯寫〈資治通鑑〉的柏楊，從原定三年內完成三十六冊，到延至十年出齊七十二冊，除史實考證困難外，一些地名、官制、帝王任數、年號等說法，如何讓現代人理解，讀來通暢無礙，更花去柏楊無數光陰，甚至賠掉他部份寶貴的視力。

以「官制」來說，像〈通鑑〉中提到「左庶子」「東宮率」兩個名詞，柏楊說，從字意反覆推敲，一般人無從知道這是什麼官，他大膽地將古代官制與現代生活做一結合，於是，「左庶子」成爲「太子宮政務署長」，「東宮率」爲「太子宮侍衛隊」；還有唐代「僕射」，不說是國務院執行長，怎麼也想不出這個官員的執掌。

〈柏楊版〉的另一突破是首創編繪地圖。柏楊說，眞是奇怪，他不明白中國史書爲什麼從來不附地圖，但這部份卻十分重要，舉個例子：「今天早上，我從台北出發，越過黃河，就來到了新竹。」柏楊說，現在大家一聽，都知道錯，但一旦流傳久遠，又沒有地圖，確實難以查證。

柏楊與他的小組採分工進行，在登錄完史書中所有地名之後，再經分省、分縣、分區，逐一勘正繪出，他說，繪圖工作使他發現史書上的錯誤，像西元九二二年，唐莊宗與後梁戴思遠對仗，史書載戴思遠西渡「洹水」攻克成安，經地圖比對，發現應是渡「漳水」才對。

除官制、地圖與衆不同之外，在帝王任數的處理上，柏楊的計算方法更與史學殊異，像武則天之前的帝王任數，普通史書上都說三任，柏楊說五任，他說，傀儡皇帝也是皇帝，史實不應把這些除去。他還說，像五胡亂華明明十九國，偏要說十六國；五代明明十一國，卻要說十國，「難道史書上寫的，就沒有人敢動，無怪一些錯誤會以訛傳訛。」

還有一些值得提出討論的，像「菟絲子」的解釋，柏楊說，這明明是一種草藥，卻硬說是活的兔子。史籍浩繁，以今心窺古人，確實艱難，像「㦸」這個字，到現在柏楊還找不到更好的說法來解釋它，任憑他翻遍所有資料，都查證不出它到底是什麼東西，而其他兩種白話本，根本略去不提；他說，要做，就要追根究柢，他還要查下去。

〈柏楊版〉也統一了年份。天干地支、甲乙丙丁都改成公元，他說，整部史書將有具體可推移的確切時間觀念。

譯寫過程均已完整紀錄下來，除了柏楊的譯文手稿裝訂成冊外，有關〈通鑑〉中所有地名、人名、郡名、州名、部落等，在助理譚焯明的協助下，已完整存入電腦的檔案中。

最近，柏楊的視力愈來愈糟，愈漸模糊，但他充滿信心的說，「眞理可是愈來愈淸」。

古典卷帙譯介成白話長牘

——一九九二・九・一九・台北〈民生報〉

林英喆

中國五千年歷史文化，博大精深，所累積下來的傳統經史子集，的確可以稱得上是卷帙浩繁，任何人要在有生之年看盡，是絕不可能的事，而現在的人又因爲文言文與白話文的隔閡，如要看得懂的話，更是難上加難。

爲了讓現代的人能跨越這道鴻溝，有心的人就從事古籍的白話翻譯工作，柏楊以十年的光陰做〈資治通鑑〉的白話翻譯，孜孜矻矻，永不懈怠，精神的支柱無非是想讓現代人也可分享古人的智慧結晶，不會因文字的距離而有所差異，這一古籍譯成白話的工作，也就彰顯其時代的意義了。

但從典雅精煉的文言文，翻成婦孺皆曉的白話，會產生翻譯過程中不可避免的斷句或解釋的差異，近代的白話翻譯也因而見仁見智，並且由於觀點的不同，以致看法也南轅北轍，幾近乎水火不容。

淡江大學教授龔鵬程就持反對的意見，他認爲文言譯白話是毫無道理的事，因爲文言文與白話是同一套文字，並不像英文或日文，與中文是不同的語文，需要透過翻譯的手段，才能知道意義，而且文字本身與意義是連結一起的，換句話說，文字本身就是一種表現者。至於一般人強調文言與白話的差異，他指出，這只不過是典雅與簡單之分而已，因爲即使通俗如白話者，書寫的文字還是不能與口說的語言完全一樣。

但是中央大學教授李瑞騰卻認爲，古籍白話的翻譯，是現代化的過程，因爲中國傳統的古典文學，所用的文言文，與現代一般人使用的白話還是有差異，如何讓更多的人透過白話的翻譯，能分享古人的智慧，是這個時代的人的責任。而且翻譯成白話，並不意味着傳統的經典就沒有了，也就是說，能夠看原典的人，當然直接看原典，兩者並行不悖。

但龔鵬程認爲，他反對譯成白話，是因爲翻譯的過程中，會失去原有的風格，像是傳統的詩詞翻成白話，味道就完全不一樣了，試看看「床前明月光」如果翻成「照在床的前面的月亮的光」是什麼樣的感覺；而韓愈的古文，可貴之處就在他的獨特風格，翻成白話除了文字的大量稀釋外，其他什麼都沒有了。如果要普及推廣，他強調可以用導讀、用注釋，或是指出古人用典的出處，透過這些訓注，現代的人還是可享受到古人的精義。

李瑞騰則強調，文字只是一種符號，重要的是要讓人了解內容，像是蔡志忠以漫畫來表現〔莊子〕〔老子〕，媒介的符號更簡化，表現的過程可能會誤解原意，但是這種形式卻讓更多的人去了解〔莊子〕〔老子〕，至於有時的誤譯，則有待學者專家的澄清。

歷史的殷鑑裡不要橫挑強鄰的法則

——一九九二・九・二一・台北（自立晚報）

黃旭初

問：你曾經說過：「如果可以選擇的話，我不做中國人！」又曾強調：「我認同中國那塊土地。」「我還是要當中國人。」這在您心裡是否存在着一些矛盾？

答：我覺得一點不衝突，第一，我從來沒有說過我不做中國人，而且當不當中國人，由父母的國籍作主。第二，我說的是下一輩子不願當中國人，曾在馬來西亞被大肆攻擊，那裏華人的心理，我非常同情，沒有一個華人敢說他下輩子不當中國人，每個人即令在私底下講，但當衆時絕不會講，因爲講了之後，他自己也不贊成自己講的話，這是中國人很特殊的一種氣質。下一輩子的痴人說夢，絕不涉及愛國不愛國問題，也與政治、道德都扯不上關係，只是一種藝術的想像力而已！你當了一輩子中國人，還不膩啊？

華人朋友在報上攻擊我，說我下輩子一定是要當美國人了！我說，我什麼時候說要當美國人了？做一個人，絕不可以栽贓！我不是說當美國人就不對，而是我沒有說過這句話；現在你既然說了，我告訴你，我下輩子要當美國人，那又怎麼樣？這眞件是很奇怪的事，我覺得我們的文化是一種兩極文化，使我們的想像空間越來越小。我在答覆這個「下輩子願不願當中國人」問題的時候說：答案你已設定好了，假定今天我說我下輩子還要當中國人，生爲中國人，死爲中國鬼，化成灰時還要當中國人，我知道我可以聽到掌聲。但是我不能這麼說，因爲這不是我的本意，我來此地，各位請我來講演，你們不是要聽眞話嗎，我這輩子已經走到人生的盡頭，說眞話都說不完，爲什麼要跟你說假話呢？

而我在說眞話前，說了一個故事，這是我去馬來西亞以前，在報上看到一篇留美的中國留學生寫的文章，一次，各國留學生聚在一起討論下輩子的事情，沒有一個人願意再當同國的人，只有中國學留學生說，下輩仍願當中國人，當時，大家都呆在那裡，他們說：你當了一輩子中國人還不夠嗎？你不願意有個新的嘗試嗎？這故事給我一個激盪，所以我說：我願意告訴各位，我下輩子不願意當中國人。結果大家都不講話了，後來開始抨擊！

我想，這就像我們過年時出去玩，很少連着三年去玩同一個地方吧！今年我到馬來西亞，明年到印尼，後年到泰國，一個地方去一次就夠了！某個地方我非常親切，因爲我有記憶，而下輩子我到另一個天地，去創造另一個記憶，有什麼不好呢！而且我可以想到我的前生，在中國某一縣有我的兄弟姊妹，有我的妻子，再前一生我在印度的某一個河邊玩，那人生的歷練不是更豐富嗎？爲什麼，中國人老是非在一個地方不可？連點想像力都不准許別人有呢？

問：過去您寫過許多書來批評中國的醬缸文化，而在台灣社會裡，前幾年還有幾本暢銷書，如〈野火集〉〈愛、生活與學習〉，還有您的〈醜陋的中國人〉，都曾引起頗大的迴響，然而風潮冷卻以後，我們卻看不到社會有什麼大的進步，能否請你談談這個醬缸現象呢？

答：我想，一種文化，不是幾本書或幾場演講，就可以使它迅速改變，也不是幾條槍（像革命）可以使它迅速改變，更不是一個命令可以使它迅速改變。文化是一個盤根錯結的東西，非常難以改變的，尤其是中國，假定我們把希望寄託在幾本書，或者把希望寄託在像共產黨，或是行政命令上，認爲就可以改變的話，那就不是醬缸了！這個醬缸就是什麼都不能使它改變，幾本書怎麼能使一個社會改變呢？我們所作的吶喊，只是一個啓蒙，從來沒有一個中國人敢批評自己的文化，不但不敢，而且根本沒有想到我們種種的毛病是發生在文化上，或許有些人想到了，但他不敢寫，我想不是只有我一人想到，一定有很多人想到。

記得一九八八年我在日本促銷我的書時，記者會上，一位記者問我說：你這麼遠到日本來，當着我們這麼多日本記者來攻擊自己祖國的文化，你覺得合適嗎？這是很尖銳的問題，意思是說你為了賣幾本書，竟跑到東京來攻擊自己的國家。我說不然，我們中國人所有的缺點，你們日本人都知道，難道你不知道嗎？但因為你是日本人，你不好意思講，只有我們中國人自己才可以講。我聲明的是，現在是中國人的一個新起點，過去你們所遇到的中國人都以他的文化自傲，從現在開始，你們所遇到的中國人，是另外一種中國人。這一代中國人的腦筋裡面有一個最大的認知，就是聖人已經死了，我們自己要當家作主，我們自己要獨立思考，再沒有聖人牽着我們的鼻子了，也再沒有「英明領袖」教導我們如何思想了，我們這一代是第一個提出來自己的文化有毛病的一代。你遇到的是新的中國人，就是有膽量承認自己缺點的中國人。日本人也寫過〈醜陋的日本人〉，儘管你們寫的是做事的方法，內容有所不同，但都是在檢討自己。中國人也開始有能力檢討自己，這就是新一代的中國人。〈醜陋的中國人〉一書暢銷，正代表大家心裡有一種共鳴！但這個共鳴還不能夠產生強大的力量使文化轉向，尤其是我們的文化是一個醬缸，一個蘋果放到裡面，拿出來一看成為蘿蔔了，這麼大的腐蝕力，我們又都是從裡面出來的，靠幾本書，幾次講演，靠大家頓悟，一下子怎麼能使它轉變！而且時間太短了，只不過幾年而已！幾年是沒法改變一個文化的，即令變的話，也是一個浮面的，但我們要注意到，它是在變。西方有一句話說：上帝的磨，雖然磨得很慢，但是它是在磨，我們的文化不是不變，經過刺激之後，它是在慢慢的變。

過去，因為中國積弱太久，所以大家一直有一個想法，就是希望一服藥下去之後，讓幾十年的老病，一下子霍然而癒。中國人一直盼望一種藥，這種藥在我小時候曾經吃過，叫做「神仙一把抓」，我不知道那是什麼藥，但據說什麼病都治。大家一直盼望政治上也有「神仙一把抓」這種藥，「神仙一把抓」就是「革命」，政府太壞了、太爛了，我簡直恨透了！而且我眼看和平改革沒有希望，那就只有革命！於是孫中山革命，國民黨革命，共產黨革命，一直都在那裡革命。

但是革命的結果，因爲我們文化裡沒有民權、民主的基礎，沒有平等、法治的觀念，不像法國大革命，它一開始就有一個最高的哲學指導原則，要博愛、要平等；或是美國的革命就是要建立三權政治。好像車子一樣，西方的車子在那裡盤旋、盤旋，結果它飛起來了，因爲它具備了飛的條件，而我們中國的車子在那盤旋、盤旋……，不但飛不起來，反而鑽到地下去了，因爲不具備飛的條件！所以我們應該責備孔老夫子、司馬光他們，沒有建立民主、平等、法治的思想。常有些人寫信來攻擊我說，你不能要求古人跟你一樣，不能要求他脫離他的時代，這話是不錯，但是思想家是不受空間時間限制的，我們多麼盼望中國人裡也出一個思想家，像耶穌一樣談到愛。或出一個佛蘭克林，出一個盧梭啊！但是我們沒有，所以我們始終沒有一個最高的哲學指導原則。革來革去都革不出新把戲。中國五千年來，每一次革命的結果都是君王專制如故，我把你推翻了，我卻跟你完全一樣，不但一樣，而且更糟，我們的革命，不會像美國的革命那樣，搞個總統出來，因爲我們沒有這個思想，這使中國一直不能進步，一直在那裡惡性循環。

一九八八年時，我在大陸，那時民心憤怒，在不公開的場合常聽到衆口一詞說：「共產黨壞透了，眞是該一掃而光！」這種憤怒我很熟悉，共產黨是不是這麼壞呢？我想憤怒並不誇大，但原則上，我反對革命、反對暴力，主要是，在中國，革命不能解決問題！尤其我們一直有一種觀念，認爲只要革命，所有問題都解決了。我從小就遇到這些事情，我親眼看到的，比如北伐時說，只要把北洋軍閥推翻了，所有問題都解決了；國民黨也是，只要把共產黨消滅了，所有的問題都解決了；共產黨也一樣，只要把無產階級專政建立起來，所有的問題都解決了。結果我們發現，革命以後，所有問題不但沒有解決，舊問題加上新問題，反而使得問題更爲複雜。我們看歷史，歷史可以使我們得到很多指示。

問：最近台韓斷交，以及美國出售F16戰機給我國，似乎又引起許多人對台灣前途問題不同的思考，不知道您對這方面有什麼看法？

答：我想，和韓國斷交，斷交就是斷交嘛，連白痴都不會震驚一下的。現在的問題只是我們外交部臉上掛不住，憤怒的不是韓國對我們斷交，而是韓國對我們隱瞞，交涉時沒有通知我們，外交官的臉上掛不住，故意把它擴大，要反韓，我們有資格反韓嗎？一個人如果不能夠「度德量力」的話，他就要受苦，國家也是一樣，我們有什麼資格和韓國對抗呢？斷航，我們吃虧的一句不講，你知道韓國在大陸上得到多少利益嗎？你以爲韓國是傻子嗎？而美國賣給我們飛機是解決它國內的問題，不代表什麼！要說是代表美國態度轉變，我想是太自作多情！我一直在想，我們一定要了解我們是誰，知道我們的能力是什麼，這很重要。

至於統獨爭論，多少年來我一直在想，什麼時候中國人在一起不談政治，中國人就有福了！可以談體育啊、談藝術啊，甚至於談女人啊！但我們卻一直在談政治。從我小時候，十幾歲時就聽大人們不停的談政治，軍閥跟國民黨鬥，共產黨跟國民黨鬥，最初時還是朋友，後來吵架，最後誰也不跟對方見面，甚至陷害對方。現在，四十年之後相逢，淚眼汪汪的，還是老友啊！小學同學爲了政治原因打成那個樣子，他們不曉得他們是在做什麼？所以，最好談談其他事情，可是現在每一個人都要談政治，你不談都不行。像中韓斷交後，就有急獨的朋友講，「一獨立就解決了嘛！」可是我也聽到急統的朋友講，「這就是因爲不統一嘛！」換句話說，一個病症，有兩個恰恰相反的藥方。

先說統一，統一了當然就沒有這些問題了，但是不能爲了解決這一個問題就統一！統一之後還有其他的問題要解決！所以一定要很冷靜的來看，不能動不動什麼問題都說是因爲分裂造成！而台獨也是個問題，舉個例子來說，好比你們報館把你開除了，過了兩天你去說你的姓名不是黃旭初，而改成了柏楊，你能不能上班呢?!中華民國已不能坐在那個位置上，因爲旁邊一個傢伙反對你坐，你改成了台灣就能夠坐了嗎？很顯然的，是中共不准我們坐！一切的問題出在中共對我們這麼麻煩！是你們中國人這麼麻煩！今天不是全世界其他國家承不承認的問題，而是中共允不允許他們承認的問題，是不是這樣子呢？人家因為中共那個傢伙在那裡很堅持，都不敢承認中華民國，改成台灣，大家就敢承認了嗎？這是常識可以判斷的。兩家鄰居，都是賣酒的，客人都到隔壁買酒，不到另一家買酒？另一家的酒又便宜又好，問題是另一家有個狗！客人一進門牠就咬！不是酒不好，是狗太厲害了！你說，好了，我招牌改了，張三酒店改成李四酒店，客人就敢去了嗎？惡狗還在！

讀歷史有一個最大的心得，就是不要「橫挑強鄰」，一個蠻橫的鄰居，你最好不要去碰他，所以，我一直主張台灣應該堅守一個原則，台灣應該「芬蘭化」，像北歐的芬蘭和俄國一樣，你是老大，我承認我不如你，所以你有人來投降的話，我人留下來，這是人道，其他無論是軍艦、飛機，立刻送回，我一直跟你保持低姿態，我不給你機會教你打我，因為芬蘭太小！蘇聯打敗仗一百次也沒有關係，可是你打一次敗仗就沒有了，俄羅斯可以跟你打三百年，他可以慢慢跟你打無所謂，但你芬蘭受不了！所以，對強鄰必須採取低姿勢，我們不要怕丟面子，不要給強鄰翻臉的機會。不要給他侮辱我們的機會，唯一的辦法就是不要先侮辱他，不要給他動手的機會，這個非常重要的，否則「橫挑強鄰，則國——必——亡」。

此外，如果說急統，馬上統一，我覺得非常非常的不公平，兩千萬人，多少年來辛辛苦苦、兢兢業業達成的一些成果，在大陸看來算不了什麼，他一口就呑掉了，這不符正義原則。但台灣的隱憂還是在獨立上，因爲這個問題不是馬上就要解決的問題，我們不需要馬上解決！我們不解決，不是也過得很好？

問：但問題是要說統一，對於中共的政權的承諾可以信賴嗎？

答：當然不可信賴！中共談的一國兩制，我覺得也很好啊！問題是誰來保證「一國兩制」？假定是日本保證，我就相信，假定是美國保證，我也相信，但中共保證，我絕不相信。我不是說日本、美國好，這是個信念的問題。爲了這個事情，一九八四年我在美國就跟中國作家協會的書記吵了起來，我說你保證，請問你用什麼保證，他說什麼幾全大會通過什麼章程什麼的，我說你們的憲法隨時可以變的，你們的國家元首隨時可以鬥死、隨時可以不見的，這種情形之下，你給我的保證我怎麼相信呢？我怎麼知道是不是又一次的「引蛇出洞」？喔！這個傢伙聽了馬上變臉！那時正在吃飯，他大聲吼道，「我和你沒有共同語言！」我就覺得很委屈，我說，你還沒有統治我們呢！就已經這麼凶暴了，我都沒有資格跟你說話了，你要是統治我們，我還能活命嗎？他給我印象非常深刻。

台灣現在遇到的就是這麼大的困境，我們必須要承認，而這個困境不是由單純的統獨可以解決的，不是二分法，不統就獨就可以解決的。一定要用二分法解決也可以嘛，我就跟台獨朋友講，公民投票就公民投票，我這個年齡毫不在乎；如果公民投票都願意獨，那就獨，但如果打起來，凡主張獨的人都要上前線，不能逃走！革命話、偉大話，我從小聽得多了，到時候一跑就跑掉，這種場面我見多了。我演講時，有學生問我，如果有一天台灣危險了，你走不走？我說，我不答覆這個問題。我可以跟你講我與台灣共存亡，但是我不，因爲，我如果這樣是我騙你，是不是將來我一定要走？也不一定，但現在我並不知道我走不走，如果將來戰爭爆發，我眞是不知道我走不走？所以，我現在不要騙你，我們爲什麼一定要教人家騙呢？眞話不聽，偏要去聽假話幹什麼呢？

問：您曾經比喻台灣與大陸之間的關係，像古時候的兩個好朋友所生的下一代，將來長大後讓他們結婚的風俗，那您覺得目前台灣有長大的空間嗎？

答：現在只要不「橫挑強鄰」，不要打大陸耳光，台灣就有機會長大，如果打大陸耳光，恐怕長大的機會就很少了。天下之大，合理的事情不見得可行，合邏輯的事情不見得能夠實踐！比如，男女朋友要分開，我也沒有跟你結婚，又不要你一分錢，應該是合情合理合法，但是，他就是不要分開，很多兇殺案都是出自於這種情形的。我的意思是說，我們要了解中共有動武的可能性，所以要小心翼翼。當我們用和平的方式在此地生存的時候，中共不要干涉我，不要急於統一，因爲一個激烈的行爲，必然有另一個激烈的行爲做爲反應，有急統才引起來急獨，有急獨才引起來急統！所以，在這個時候，一定要冷靜的處理這個問題，在長大之前不要老講「將來我嫁給你」、「將來我不嫁給你」，不要談這個事情，不要談統獨好不好?!

問：目前，國民黨仍緊抓着「一個中國」政策，給在台灣的人，有種認同錯亂的感覺，不知您對此有何看法？

答：現在台灣正處於一種困境，在我看起來，「中國」「台灣」，並不衝突，四、五年前，我到新加坡去，我以爲我是中國作家，但新加坡人講我是台灣作家，我不覺得格格不入，這是事實，現在因爲台獨朋友有反中國的情緒，遂成了問題。四十年以前，當國民黨初來的時候，大家熱烈歡迎，這說明了一件事，那就是認同這個國家，跟以色列和阿拉伯完全不同，後來是因爲國民黨政府太壞，所以有疏離感，因爲這種疏離感，再加上美國人的鼓勵，所以想到獨立。可是我們不習慣一個民族有很多的國家，而西方卻是很多，日耳曼民族就可以分成德國跟奧國，盎格魯薩克遜民族就分成英國跟美國，當然可以分，爲什麼中國人不能分呢？新加坡和中國還不是一樣分，大家都講中國話，但他們叫做華語。不管華語也好，中國話也好，漢語也好，都沒有意義，這些都是不衝突的，主要的是我們厭惡的是國民黨政府，假定說四十年前來的這個政府很好，那又是什麼情形呢？所以這不是國家問題，而是政府問題。大陸開放後，如果說大陸很好，不要說好得像美國，只要好得像泰國，好得像菲律賓，我們也就不會有獨立的想法了！大陸窮不是問題，主要的是共產制度，因爲這個共產制度，我們不能忍受。

我的台獨朋友很多，寫了很多書，說他不是中國人啦，他不是中華民族啦，我認爲這都沒有意義，你明明是中國人，寫再多書都沒有用，這是個自然科學的東西。我是中國人照樣可以獨立嘛！所以我一直要把華人和中國人分離起來，這在東南亞是分得很淸楚的，大家都是華人，但不是中國人，非常簡單，中國人是拿中國護照的人，我獨立了，我仍然是華人，一切跟你一樣，但我是另一個獨立國家！

六、七年前，我到義大利，特別訪問聖瑪利諾，這個國家除了郵票以外，連自己的語言、文字都沒有，但她是個獨立的國家。假如我獨立，我可以用你的文字，用了之後，不是你的文字，而成了我的文字，我只是政治上獨立而已，文化上各人創造各人的，要一體、兩體都無所謂。所以，現在需要有一種新的語言，新的想法來面對新的局勢，那才有說服力！有很多急統的朋友強調一個文化、一個祖先，問我，獨立之後過年時給誰嗑頭？我說，給父母嗑頭、給灶王爺磕頭。他說，那爲什麼要獨立！我說那爲什麼不獨立？全世界基督教國家都崇拜一個上帝，難道都要統一？這種語言都已經很陳腐了。

統一跟獨立是個政治性的問題，換句話說，獨立就是台灣跟大陸對決！有些人拚命談我們應該統一，或應該獨立，這些應該、那個應該，應該的事情多得很呢！都可以去做嗎？美國爲什麼到巴拿馬把一個獨立國家的三軍統帥抓去，這應該的嗎？但他強大！我再重複一遍，台灣獨立絕對是跟大陸對決，你想不對決，你想美國保護你，除非你能肯定，而且肯定美國在下一次對決時，還會再來！你不能保證大陸不會出手！有些人宣稱說獨立於中共之外，你爲什麼不說你獨立於菲共、日共之外啊！可見你承認你跟他有關係。

另外，我覺得台灣內在有獨立的條件，像現在文化跟大陸已經有點分叉了，語言跟大陸也有點分叉了，比如很多用語和腔調，你一聽就知道他是大陸人，双方的思考方式也都不一樣，但是四十年時間還太短，假定能有八十年，那時候雙方面的分離狀態就會凝聚，現在還不太穩固，但不要逼對方承認獨立，對方也不要逼台灣立即統一。我們要充份利用目前的時間和空間讓自己茁壯，即使將來要對決，也是越壯越好。

珍惜生命的眞愛

黃旭初

——一九九二·九·二一·台北〈自立晚報〉

「這世界上，生命是非常可貴的」，半生精力殫盡在鑽研中國歷史與文化批判的柏楊，從自己豐富的生命閱歷，以及埋首浩瀚史卷所得的借鑑中，緩緩地吐出了這句看似無奇，但卻蘊含深意的對生命的感嘆。

本名郭衣洞的柏楊，原籍河南省輝縣，幼年失恃，在艱苦的環境中成長，及長，逢上中國近代史上的亂世，慘烈的人生經驗，成爲他日後撰寫著名的小說〈異域〉的眞實藍本，但對於戰爭，柏楊回憶十七、八歲時，被激發出來的昂揚戰鬥意志，高唱着「大刀——向鬼子們的頭上砍去……」的情境時，卻也不禁感嘆：「小人物總是受野心家欺騙！」對於戰爭的厭惡與對生命的疼惜，柏楊有着極爲深刻的醒悟。

來台灣以後的柏楊，以另一項武器開創自己的人生，不但開始小說創作，同時也在報紙上撰寫方塊雜文，雜文的範圍相當廣泛，但主題不約而同的都直指中國文化，他以犀利的筆鋒，描繪傳統中國文化醜陋的一面，猶如向風車舞劍的唐吉軻德騎士一般，以銳利的筆刀向陳腐的醬缸文化挑戰，以致不見容於當道。在一九六八年，因一幅〈大力水手〉漫畫的翻譯文字，而被羅織罪名，坐牢九年零廿六日，暫時的被醬缸的漩渦吞噬。但坐牢卻也是他生命的另一個跳板，柏楊以他被逮捕的日子三月七日作爲自己的生日，象徵着與國民黨的決裂；更在獄中致力於中國歷史的研究，進而寫成了〈中國人史綱〉〈中國歷代帝王皇后親王公主世系錄〉〈中國歷史年表〉等著作，出獄以後，柏楊不改其志，繼續寫作，除了廣爲人知的〈醜陋的中國人〉外，更孜孜矻矻地陸續將〈資治通鑑〉翻成現代語文。

由於走過貧困的年代和經過戰亂的流離之苦，柏楊相當珍惜目前台灣所創造出來的，中國歷史上最富裕的社會，因此，當被詢及台灣前途的問題時，柏楊相當熱切地反覆以「不要橫挑強鄰」、「度德量力」、「惜福」等觀點來表達他對台灣現況的珍惜。他也坦承，未來無論是統一或獨立，或許他都看不到了，但他所掛心的卻是對於下一代的影響，也因此，他一再地叮嚀，「只要給我們和平，我們就會成長」「只有和平才有文化，有文化才有文明」，而這也正註解着他的人生哲學——愛，對人類的愛。

簡媜

十年磨鏡

——一九九二·一二·二四·台北〈聯合報〉

「雖然它自認爲和被認爲是帝王的鏡子，事實上，卻很少帝王從這面鏡子中獲益。明王朝皇帝每天清晨，都要研讀它，但明王朝的皇帝群，卻一蟹不如一蟹。蓋權力固可使人發瘋，權力同時也可使人愚不可及，以致看不見鏡子。……所以，〈資治通鑑〉與其說是帝王的鏡子，毋寧說是人民的鏡子。透過〈資治通鑑〉，可看出我們所處的歷史位置，和面對的禍福命運。……不細讀〈資治通鑑〉，要想了解中國，了解中國人，了解中國政治，以及展望中國前途，根本不可能。」

十年前，一九八三年，柏楊在〈柏楊版資治通鑑〉第一冊序文中如是說。十一世紀宋王朝，司馬光與他的編輯群以十九年光陰完成二百九十四卷，內含西元前四〇三年至西元後九五九年間一千三百六十二年中國歷史編年史巨著，經宋神宗趙頊定名〈資治通鑑〉，變成專供皇帝閱讀以幫助統治的統御學問。然而有趣的是，這部皇皇巨著並沒有繫宋於不墜，明代元，清代明，民國結束清王朝……，從一〇八四年司馬光成書後，中國戰亂蠭起，革命頻仍，政爭角逐，政權嬗遞，一直到今天二十世紀末期，中國又走上分裂時代。其間八百多年過去了，雖然〈資治通鑑〉幸運地從宮廷漸漸走入民間，來到現代人手中，它不再是帝王將相的禁臠，任何一個耆宿童子，只要購買，即能人手一部。然而最大的困難是，對彼岸十四億，和台灣二千多萬人而言，除了學有專精者外，到底有多少人看得懂？

這就是柏楊決定翻譯〈資治通鑑〉的原因。生於一九二〇年，本名郭衣洞的柏楊，幼年喪母，受繼母凌虐，十七歲逃離老家從軍抗戰，後隨國府遷台，曾任教職；五〇年代以小說聞名，後擔任報刊主編並撰寫大量具批判性的雜文，孰料因一組漫畫，鎯鐺入獄，從一九六八年至一九七七年，共吃了九年又二十六天的政治牢飯。事業、家庭、親倫，灰飛煙滅，活着等於熬着，能熬多久就多久，他的兩大精神支柱是宗教與歷史，獄中詩抄〈讀史〉一首寫著：「……一讀一落淚，一哭一撫胸；獻身繫囹圄，愛國罹刀鋒！」遂潛心研究歷史，完成〈中國人史綱〉〈中國歷代帝王皇后親王公主世系錄〉和〈中國歷史年表〉三部書。出獄時，柏楊已五十八歲，浩瀚史帙，積累於胸，使他以宏廣的視野，觀看中國人的政治，思索中國人的前途，他發願語譯〈資治通鑑〉，把歷史的殷鑑，活生生交到每一個現代人手裡，要思索未來，先以史爲師。一九八三年，遠流出版公司與柏楊訂約，這項工程成爲作者與出版者的共同使命。原本計畫三年三十六冊完成，詎料延展爲七十二冊，預定明年（一九九三）三月出齊，十年光陰，悠悠而過。

新店花園新城「攬翠樓」家中，柏楊語重心長地說：「中國人不斷在重複自己的錯誤。」問到當權者能否從中獲益時，他彷彿看到幾千年來無數張帝王將相的臉從眼前掠過，他說：「權力本身的慾望使當權者對歷史教訓具有免疫力，他會聽不進、看不到，變成瞎聾兼備的人。反而，對平民百姓啓發較大，具備歷史素養與胸襟後，有助於思索未來命運。民主，得靠小民。」

〈柏楊版資治通鑑〉的特色在於採西元紀年下繫各朝年號，內文分節便於閱讀，地名、官制均加以註解，另繪地圖、收集圖粹以利索查，書中附〈柏楊曰〉評議月旦，書末設〈通鑑廣場〉爲讀者論壇，匯流意見。

「將近一千萬字，整整寫了十年。十年來，朋友把我的書房喚作『勞改營』，而我當然是典型的『勞改犯』……」柏楊在最後一冊〈後記〉寫道，抬頭已屆七十三歲。「感謝這十年——」他說：「中國歷史上從來沒有過的黃金時代，在十年勞改式寫作生涯中，我享有充分的政治自由，心靈自由，和人的尊嚴，假使〈柏楊版〉對人群有貢獻的話，這貢獻來自我們終於爭取到的這個民主自由時代。」

《參考小檔》

現有〈資治通鑑〉語譯本（依出版序）

1.〈師大版〉：國立台灣師範大學國文系黃錦鋐教授主編，王更生教授等二十六位譯述。台北文化圖書公司出版，一九八四，十二冊精裝。

2.〈名遠版〉：台北名遠出版社編輯部編譯、出版，一九八四，十二冊精裝。

3.〈改革版〉：張宏儒、沈志華主編，北京改革出版社出版，一九九一，三冊精裝。

4.〈柏楊版〉：柏楊譯，台北遠流出版公司出版，一九八三至一九九三，七十二冊平裝與三十六冊精裝。

榮耀台灣上空的雙桂冠光華

——一九九三・二・一〇・台北〔自由時報〕

郭玉文

在一九九一及一九九二兩年當中，柏楊、張香華這對文壇伉儷，分別獲得詩人最高榮譽——國際桂冠詩人獎。不僅於此，在一九九二這一整年中，張香華所譯的韓國詩人金素月詩集〔踐踏繽紛的落花〕、南斯拉夫詩人亞歷山大・彼德羅夫(Dr. Alexandar petrov)詩集〔乘着光的梯子〕、另一南斯拉夫詩人覩山・bane引(Dr. Du san Pajin)詩集〔溫馨的邊緣〕均獲得出版；同時，她的個人詩集〔愛荷華詩抄〕、〔絲和溫暖的酒〕，則分別被譯成英文和塞爾維亞文，於海外發行。至於柏楊，自一九八三年開始進行的〔柏楊版資治通鑑〕，歷經十年光陰，總算於一九九二年終，全數譯完；而他的膾炙人口之作〔醜陋的中國人〕英譯本，則由澳洲Allen & Unwin公司出版，此外，他更編選了〔就是他〕一書，並受「全國預防醫學學會」之聘，擔任愛滋病防治執行委員。總之，過去的一年對他們而言，不僅是忙碌的，同時也是豐收的。對於這一切，且讓我們作一番回顧，聽聽他們二位怎麼說——

柏楊（以下簡稱柏）：所謂豐收，意謂着「疲累」，在這一方面，香華比我多。

張香華（以下簡稱張）：對於去年的成績，我覺得很興奮。我做事的態度向來十分「即興」，沒有任何壓力，都是爲了興趣而做。我同韓國文壇一向有密切聯繫，有一回，偶然在雜誌上看到金素月的英譯詩篇，覺得相當不錯，便委託朋友自韓國寄來金素月詩集，愈讀愈有興味，便這麼動筆翻譯起來了。非常幸運地，在翻譯過程中，遇見一位中文造詣極高的韓國學者羅潤基，每譯至一個階段，便請這位朋友針對氣氛及風土人情的掌握，作一番指正，在配合良好的情況下，終能譯完全書。至於南斯拉夫的兩本譯詩，則是因爲我曾於一九九〇年受邀前往南斯拉夫訪問，結識此二位完全不同典型的優秀詩人，對他們的精采作品，留下深刻印象，方動手翻譯。

由於詩向來是十分「冷場」的文類，翻譯之初，我並未考慮到出版及其市場性，甚至在兩本南斯拉夫詩集譯完之後，南斯拉夫朋友讚揚道：你們中國眞是一個喜歡詩的民族，是不是你們的出版界對詩集非常歡迎與重視？我僅能將台灣目前對詩集的出版態度，據實以告。在這樣不利於詩的出版環境下，對這幾本譯詩得以出版，我感到非常幸運。

柏：我的一生彷彿都在戰鬥，完成了《資治通鑑》亦如是，因此並沒有如釋重負的感覺。當然，在翻譯〔資治通鑑〕的過程中，每天皆有「高潮」發生；那就是遍尋不着的資料，一旦找到了，便能有十分喜悅的感覺，其餘的，則是一連串的挑戰，久而久之，成爲生命的一部分。工作的完成與否，對我的生活沒有太大改變，因爲，即使不寫〔資治通鑑〕，還是會寫別的東西，更何況校對〔資治通鑑〕還得花費相當長的時間。十年以來，我完成了九百餘萬字，相當於每個月必須寫作七萬五千字、校對十五萬字（校對兩遍）閱讀原文四萬字，風雨無阻，這些工作沒有人能夠替代。〔通鑑〕的初步定稿精裝三十六册，可望於今年（一九九三）三月全部出齊，出版前必須全數重新校對，它並非平裝的合訂本，在結構上必須重新組合、增加一部分地圖，目的是希望讀者於看到歷史人物的「演出」之時，同時看到事件發生的舞台，再加上每次再版前的校對、增訂，凡此種種，都不是短時間可以完成的工作。

至於他們雙雙獲得國際詩人桂冠殊榮，對於他們的寫作生涯則分別具有如下意義：

柏：不知道多少年以前，我曾經做夢，希望這一生能獲得桂冠獎，當時覺得這簡直是一件不可思議的事。我從來沒有得過任何獎項，甚至連台灣的文學獎也沒有，各種獎項都有不同的小天地，而我並不屬於那個小天地。能獲得桂冠獎對我而言，自然非常高興，當時委託香華前去美國鳳凰城領獎，她曾經略有微詞：她寫了一輩子詩，都沒能得獎，我不過只寫了這麼一本詩集，竟然就能獲獎。不料，就在頒獎典禮結束之前，她也獲得當年度的桂冠獎，眞的是非常高興的一件事。

張：桂冠獎對我是一個激勵，我希望不論是我個人或台灣詩壇，都能因此同國際有更多的接觸，也許詩這個文類在目前的市場上並不被看好，但我相信「她」將會永遠存在。我們可以發現：獲得諾貝爾文學獎的創作者當中，有許多是詩人，表示詩將永遠不死，至於這個社會究竟何時才能「安靜」下來重新欣賞詩的美感，我認爲只是時間早晚的問題。詩，由於十分精緻，不可能成爲一種大衆文學，只可能是小衆藝術，「她」是一種很脆弱的美，一經工商業社會爾虞我詐的碰撞，便消失了，若使一個社會對美尚存有一點愛惜之心，詩便擁有希望。以我這次所翻譯的三本詩集而言，在韓國和南斯拉夫，均極受重視，對於他們而言，他們的詩能被翻譯並傳佈到中國來，具有十分重大的意義。特別是對於東歐國家而言，東方是具有古老文化的地方，東方文明是非常崇高的文明，能有這樣的交流，自然令人雀躍。中央圖書館希望透過我的聯繫，前往南斯拉夫舉辦書展；南斯拉夫則希望能出版一部「中國現代詩選」（包括台灣、中國大陸，及所有海外華人）。他們在飽經戰亂之餘，尚且如此注重心靈及文化活動，而我們還沒有提昇到重視文化的階段，我們的胸襟不夠開闊，經常只是在島內製造問題紛爭，我們如果眞正愛我們的本土，應該讓全世界瞭解，並接受，和欣賞我們的美，這才是眞正的大愛。

希望大家都能靜下來，各司其位，走出台灣，走進世界。我是眞正定下心來致力於「中國現代詩選」的編選工作，我們的文藝同世界各國應該有更多的交流，人們才能互相了解，並將不同世界中的不同美感發掘出來。

桂冠獎是一個國際獎項，假使我能夠有機會把我們的好作品推廣出去，並吸收他人的長處、美感，不論對我個人或整個國家文化，都將有所成長，無異多打開一扇窗，有了更廣的視野。

柏：韓國人對於金素月詩集被翻譯成中文，非常重視，甚至舉辦一個盛大晚會，表示慶祝，並安排香華到各大學演講，至於台灣，假使我們任何一位詩人的作品被翻譯成其他文字，我們會否這樣熱烈的反應？事實上，香華對文化的傳播，作了許多貢獻，她並不追逐名利，她在韓國、南斯拉夫所得到的榮耀，應該是國家的，而不專屬於她個人。台灣是一塊富有的「文化沙漠」，人們的心靈對於「美」相當冷漠，有的只是不斷的排斥，因爲我們不懂得欣賞他人的成就。

張香華女士對於詩的推廣可謂不餘遺力，除了前述積極致力於翻譯、促進國際交流之外，今年（一九九三）元月開始，更於警廣每週日晚間九時四十分主持「詩的小語」節目，爲聽衆作詩的賞析，同聽衆分享詩的美感，這是一種文藝紮根的工作，她說：「我於介紹這些詩篇時，沒有太多人際關係的束縛，我並不介紹高深的學理，僅只告訴聽衆如何欣賞一首詩、如何親近一首詩，是一種十分家常的閒聊。社會的節奏太快，詩的欣賞可以緩和緊張的步調，開始時我並不選擇講解一些冷僻的詩，而是循序漸進地引導，這樣的工作必須有人來做，總之，是一個全新的開始。」

關於新的一年的期許——

張：我正着手編選〔中國現代詩選〕，必須與南斯拉夫朋友密切聯繫，同時更將於四、五月間前往南斯拉夫作直接溝通。對於新的一年，我期許人們能夠喜歡聽我的節目，並進而對詩有進一步的認識。

柏：詩集通常以文字出現，以聲音表達的方式倒還不多見。詩，透過聲音，以具有音調感情的方式講解之後，可以使人得到更深的感受、理解。

對於新的一年，我還沒有任何計劃，最主要的仍要將〔資治通鑑〕的後續工作完成（如：再版之後的校對、增訂），至少尚須費時一年以上，若有餘力，自然仍將作些創作或評論工作，寫作畢竟已成生命的一部分，連坐牢期間都不能停止寫作，何況目前的環境已沒有任何後顧之憂。不寫是不可能的，但是必須等到我目前的負擔稍微輕鬆一些之後。

其實，在過往的一年當中，柏楊同張香華自然也不免有些不順心的事，例如：他們於春節期間赴南非度假時，因爲十六小時的長途飛行，加上感冒，使他們雙雙病倒，並住進約翰尼斯堡的醫院中達十天之久；又如，柏楊自去年年初開始，視力便急劇衰退，不久之後甚至無法閱報寫稿，究其原因，乃因爲服刑期間牢獄中燈光不足導致右眼球出血，當時雖感視力稍微模糊，由於服刑期間，諸事不便，便這麼延宕下來，到了去年（一九九二）年初，連左眼視力亦趨惡化，短短數週內已幾乎看不清楚任何東西，方才就醫，幸遇良醫，在中藥、西藥雙管齊下之下，採訪之時，視力已恢復達五分之三，對喜愛柏楊作品的讀者而言，不啻爲一個好消息。

新的一年已經來臨，柏楊、張香華夫婦的努力可以作爲我們行事的借鏡，在訪談中，柏楊曾不止一次提到：他感謝這個社會目前的自由、開放與富足，這是他所以能夠完成〈資治通鑑〉的一大後盾，對於過往的牢獄及苦難，則並未心存怨恨，他的寬容大度是另一項值得大衆學習的地方。且讓我們期許新的一年裡，台灣的文藝能夠更加蓬勃，並與世界產生實質的互動與交流！

歷史走廊

編輯者：柏楊日編委會
出版者：太川出版社
台北市郵政信箱29—262號
傳真：六六六六一四四
出版日期：中華民國八十二年三月
定價：二五〇元